지금
공부습관이
평생을
결정한다

지금 공부습관이 평생을 결정한다

꿈과 미래 진로와 직업을 결정하는 '**공부**'의 힘

최장년 지음

책들의정원

66
뭘 해서 먹고살아야 할지
고민이에요.
99

    한 학생에게 이 말을 들었을 때의 놀라움은 지금도 잊을 수 없다. 대부분의 학생들은 어느 대학에 들어갈 수 있을지, 어떤 직장이 월급이 많고 사람들이 인정해주는 곳인지에 온통 관심이 쏠려 있었기 때문이다. 그런 상황에서 대학이나 회사가 아니라 '무엇'에 초점을 맞추고 있는 이 학생의 표정은 아주 진지하고 절실해 보였다. 진학이냐 취업이냐는 이분법에서 한발 벗어나 정말 하고 싶고 성취감도 느끼며 생활도 유지할 수 있는 '일'을 찾고 있었다.

    교직생활이 길어지면서 사회에 진출한 학생들을 종종 만났다. 오로지 학교 성적에만 집중했던 제자는 목표했던 대학에 입학했고, 졸업해서 많은 사람들이 선망하는 회사에 입사했다. 10년 넘게 여유 있는 생활을 하며 동창들의 부러움을 샀으나 시대 흐름을 이기지 못하고 회사와 함께 어려움을 겪고 있었다. 또 다른 제자는 학교 다닐 때 성적이 최상위권은 아니었으나 수업시간에 성실히 노력했던 학생이었다. 흥미 있는 것을 선택하여 기술을 연마하고 직업으로 삼아 행복하게 살고 있었다. 성실함으로 끝까지 인내하고 버틴 결과였다. 반면 결혼하여 가정까지 꾸렸으나 직장조차 잡지 못하고 아르바이트처럼 이 일 저 일을 하며 생계를 유지하고 있는 제자도 만났다.

한 교실에 앉아 있었던 제자들이 지금은 왜 이런 차이가 생겼을까? 제자들의 10년, 20년 전 모습과 현재의 모습을 보며 지금 교실에 앉아 있는 학생들에게 해주고 싶은 말이 생겼다. 교단에서 미처 다 하지 못했던 말도 꼭 들려주고 싶었다.

그중 하나는 '학교 다닐 때 공부를 열심히 하라'는 것이다. 앞서 말했던 세 부류의 제자들이 공통으로 토로했던 아쉬움이기 때문이다. 다만 여기서 말하는 공부란, 학교 수업만을 뜻하는 것은 아니다. 학교 안팎에서 보고 배우며 경험하는 모든 것을 아우른다. 학교 성적이 최상위 그룹에 속했던 제자는 좀 더 다양하게 책도 많이 읽고 관심 분야에 관한 잡지나 영화, 전시회도 보며 폭넓게 진로 탐색을 하지 못한 것을 아쉬워했다. 중위권에서 성실히 노력하여 하고 싶었던 일을 하고 있는 제자는 영어, 국어와 역사 공부를 더 열심히 해 둘걸 하며 후회했다. 살아가며 필요한 기초지식과 교양을 쌓을 수 있는 기회는 학교 공부 밖에 없는데 그때는 그것을 몰랐다며 아쉬워했다. 세 번째 부류의 제자는 그냥 학교를 다시 다니고 싶다고 했다. 다시 한 번 기회가 주어진다면 정신 차려서 제대로 해 볼 수 있을 것 같다고 했다. 그들 대부분은 학생들에게 꼭 이 말을 전해달라고 덧붙였다.

인생을 종종 운동경기에 비유한다. 운동경기가 인생의 축소판과 같기 때문일 것이다. 먼저 관람석에서 경기를 구경만 하고 말 것인지, 경기장 청소만 하며 인생을 보낼 것인지, 멋진 경기를 펼치고 화려한 트로피를 내 품에 안을 것인지부터 결정해야 한다. 그다음 주 종목을 선택해야 할 것이다. 그래야 내가 무엇을 준비해야 할지 알게 되지 않겠는가. 경기에 필요한 기량을 닦지 않고 경기 규칙조차 알지 못하면서 경기에 출전하겠다는 사람을 보면 여러분은 어떤 생각이 들겠는가? 말을 타지도 못하는 사람이 어떻게 경마에 출전할 수 있겠는가?

학교는 사회라는 주경기장에 출전하기 전에 기량을 연마하는 곳이다. 모든 경기에 필수적인 기초체력은 말할 것도 없고 주 종목에 필요한 이론과 기량, 기술을 연마하는 곳이다. 또한 학교 공부는 평생학습의 출발점이며 과정이다. 졸업만 하면 공부도 끝이라는 생각은 더 이상 자신의 발전을 위해 노력을 하지 않겠다는 것이나 마찬가지다. 시대 변화에 대한 공부도 병행해야 한다. 그래야 시대의 변화에 뒤처지지 않고 그 흐름을 잘 타서 원하는 곳에 수월하게 도달할 수 있을 것이기 때문이다. 융합과 인구 변화라는 큰 시대 흐름에 관심을 갖기 바란다.

다음으로 자신감을 다지는 일이다. 실력은 자신감이 없으면 제대로 발휘하기 힘들기 때문이다. 학교에서는 큰 위험부담 없이 여러 번에 걸쳐 스스로 목표를 세우고 도전해 볼 수 있다. 한 번의 성공 경험은 성취감을 느끼게 해 줄 것이며 나아가 자신감을 높여줄 것이다. '나는 해낼 수 있다.'는 믿음은 마법의 힘임을 스스로 경험할 수 있다.

여기까지 이미 여러 번 들어서 마치 다 알고 있는 것처럼 생각될 수도 있다.

그럼 다음 퀴즈를 맞혀보라.

학교에서 친한 친구 5명이 모여 다가오는 시험공부를 함께 하기로 했다. 이번만은 제대로 열심히 해 보자며 의기투합했다. 어디에서 공부할 것인가? 독서실, 학교 도서관, 공공 도서관을 놓고 의논을 하다

집에서 가까운 공공 도서관에서 하기로 했다. 토요일 아침 7시 도서 관에서 만나기로 하고 헤어졌다.

토요일 아침 7시.

그 시각, 도서관에 도착한 학생의 수는 몇 명일까?

여러분은 답을 알 것이다.

어떻게 살고 싶은지도 정했고 어떻게 해야 하는지도 알지만 실행 하지 않으면 공상에 불과하다. 우리가 마음대로 할 수 있는 시간은 '지금'밖에 없다. 과거는 이미 지난 시간, 과거를 돌이킬 수 있는 초인 적인 능력을 가진 사람은 없다. 미래 역시 지금 좌지우지할 수 없는 시간이다. 그러나 지금 내 앞에 주어진 시간은 얼마든지 내가 하고 싶 은 대로 쓸 수 있다. 지금 할 수 있는 일에서부터 시작해보자.

스티브 잡스는 56세에 세상을 떠났지만 그가 남긴 업적은 인류 역 사에 한 획을 그었다. 그와 관련된 다양한 일화 중 여러분들에게 도움 이 될 만한 이야기를 하나 소개하겠다. 어느 날 잡스는 엔지니어에게 반드시 부팅 시간을 더 줄여야 한다고 주문했다. 엔지니어는 몇 주 동 안 더 이상 줄일 수 없다는 생각이 들 정도로 노력했다. 그리고 잡스 에게 줄인 부팅 시간의 결과를 자랑스럽게 보여주었다. 그러자 잡스는 이렇게 묻고 자리를 떠났다.

"이게 자네가 할 수 있는 최선인가?"

지금 내가 하는 노력이 나의 미래를 결정한다는 사실을 되새기며 하루하루 알차게 살아가기 바란다.

이 책은 필자의 교직생활과 인생 경험을 바탕으로 후배들에게 전해주고 싶은 조언을 정리한 것이다. 조언에 힘을 보태기 위해 관련 서적의 도움을 받았다. 한 글자 한 글자가 모여 한 페이지가 되었다. 한 페이지, 한 페이지가 쌓여 드디어 하나의 책이 되었다. 교단에서 못다한 말, '좀 더 일찍 알았더라면 좋았을 텐데.' 했던 것들을 전해주고 싶은 간절한 마음에 글을 쓰기 시작했고, 절실함으로 포기하고 싶은 만큼 힘들었던 과정을 이겨내며 생애 첫 책을 완성하게 되었다.

이제 이 책이 여러분에게 '한 걸음'을 내딛게 하는 계기와 힘이 되기 바란다. 더불어 여러분도 꿈을 이루어나가는 멋진 삶을 살기 바란다.

목차

2부

‘배움’에 전부를 걸다

3부

내게 맞는 진로를 디자인하라

4부

잡 트렌드 Job Trend 속에 미래가 있다

5부

'직장인'이 아닌 '직업인'이 되어라

6부

'**내 일**'이 없으면
내일도 없다

66

여러분이 할 수 있는 가장 큰 모험은
바로 여러분이 꿈꿔오던 삶을 사는 것입니다.

- 오프라 윈프리

99

1부

인생의 **출발점**,
청소년기

내가 내 인생의
'주인공'이다

"나는 매일 무엇을 해야 하는지 정확하게 알고 있습니다. 그것은 내 인생의 주인공으로 살아야 한다는 것입니다. 누구나 자기 자신의 주인, 자기 인생의 주인공이 되어야 합니다. 그러려면 자신을 깊이 이해하고 컨트롤해야 합니다. 그래야 인생의 방향을 바르게 잡을 수 있을 뿐 아니라 사람들과의 관계에서도 주도적으로 행동할 수 있습니다."

이 말을 한 인물은 1995년부터 2007년까지 연속으로 포브스의 '세계에서 가장 부유한 인물' 리스트에 이름을 올렸고 2009년에는 1위에 선정된 세계 최고 재력가이다. 그럼에도 자신의 세 자녀에게는 1천만 달러만을 물려주고 나머지는 모두 2000년에 설립한 빌 앤드 멜린다 게이츠 재단Bill & Melinda Gates Foundation의 기부 사업에 투자할 계획임을 밝혔다. 바로 마이크로소프트 창업자인 빌 게이츠이다.

물론 누구나 빌 게이츠처럼 부를 축적하거나, 영향력 있는 사람이 되는 것은 아니다. 하지만 그의 말대로 자기 인생에 있어서만큼은 주인공이 될 수 있고, 반드시 되어야 한다. 사회가 제시하는 기준에 모든 걸 맞춰서, 타인이 시키는 대로만 살아가고픈 사람은 아무도 없지 않겠는가.

매일 아침 여러분은 어떤 생각을 하는가? 지난밤 늦게까지 문제집과 씨름했거나 스마트폰을 너무 오래 들여다본 탓에 눈도 잘 떠지지 않는데 무슨 생각할 겨를이나 있을까? 지각하지 않으려고 아침밥도 먹는 둥 마는 둥 정신이 하나도 없을 것이다. 조만간 볼 시험 준비를 제대로 못했다면 아쉬움과 불만에 기분도 좋을 리 없다.

아마 대다수의 학생들은 '생각할 것이 뭐 있나? 그냥 학교에 가면 시간대로 수업이 진행되니 가만히 앉아서 선생님의 설명을 들으면 되고 방과 후에도 스케줄대로 움직이면 되는데….'라고 할지 모른다. 하지만 인간의 모든 행위에는 목적이 있고, 우리는 그에 따라 자연스럽게 움직인다. '내가 오늘 무엇을 해야 하는지 정확히 안다는 것'은 내가 지금 어떠한 목표를 향해 나아가고 있는지 알고 있다는 것이다. 학생이라는 신분에 묶여 의무적으로 학교와 집을 오가고 있지만, 적어도 자신이 원하는 삶의 방향과 행동을 일치시키고자 하는 노력이 필요하다.

'자유롭다'는 말은 내가 원할 때 내가 하고 싶은 것을 하며 살아가는 상태를 뜻한다. 사람들은 누구나 자유롭게 살기를 원한다. 여러분 역시 지금은 학생의 신분으로 자유롭게 할 수 없는 것들이 많다. 그래서 언젠가 학생 신분을 벗어나서 자유롭게 마음대로 하고 살 수 있는 날들을 꿈꿀 것이다. 하지만 그런 날들이 저절로 그냥 오는 것은 아니다. 내 마음대로 자유롭게 살고 싶다면, 자신의 인생에서 추구하고 싶은 목표가 무엇인지 스스로 찾아내고 그 방향대로 자신의 의지로 움직일 필요가 있다. "그저 공부만 열심히 하면 되는 거 아냐?"라고 되물을지 모르지만, 공부만 한다고 목적지가 나타나는 것이 아니다. 목표를 명확히 해야 '내가 어떤 길로 어떻게 갈 것인가'를 고민하게 될 것이고 나아가 그것을 이루기 위해 학창 시절을 어떤 방식으로 보내야 할지 답을 찾아낼 수 있다. 이는 학업 성적이 뛰어난 학생에게만 해당되는 것이 아니다. 인생의 목적이 우수한 성적을 받는 것이 아니듯 우리 모두는 각자 다른 인생의 목적을 가질 수 있고 그에 따라 각자 다른 생각과 의지를 갖고 학창 시절을 보낼 수 있을 것이다.

그 누구도 다른 사람이 제시하는 기준에만 얽매여 살고 싶어 하지 않는다. 남이 조종하는 인생을 살고 싶은 사람은 없다. 핸드폰 하나만 봐도 나만의 것을 갖고 싶고 다른 사람이 아닌 나 자신에게 맞춰 화면을 조정하고 꾸며서 나만의 핸드폰으로 만들지 않는가! 자기 인생의 주인공이 되고 싶다면 중학교, 고등학교, 대학교 시절에 무엇을 어떻게 해야 할지 저절로 답이 나올 것이다. 그 첫걸음은 바로 오늘, '내가 할 일에 대해 명확히 인식하고 계획하는 것'부터 시작된다.

자기 인생의 주인이 된 사람은 시간이나 환경에 휘둘리지 않는다. 자신이 해야 할 일이 무엇인지 분명히 알고 있으며, 한순간도 헛되이 보내지 않는다. 자기 전에 내일 해야 할 일에 대해 정리하고, 다음 날 아침 그것을 한 번 더 확인한다. 그렇게 매일 계획한 것들을 하나씩 마무리하기 위해 최선을 다한다. 적어도 하루 계획은 스스로 짜고 그것을 해내려 노력하는 능력을 키우자. 꿈을 이루기 위한 거창한 계획을 짠다고 해도 절대로 그대로 진행이 되지 않는다. 하지만 하루 계획은 얼마든지 이뤄낼 능력이 여러분 모두에게 있다. 그렇게 하루에 한 걸음씩, 자기 인생의 주인공이 되어 묵묵히 걷다 보면 여러분의 최종 목적지인 '꿈'에 더 가까이 도달해 있을 것이다.

2

인생은
단 한 번뿐이다

'YOLO'는 요즘 신문, 텔레비전, 방송, 잡지 등에서 쉽게 접할 수 있는 말이다. YOLO는 영어 'You Only Live Once'의 약어이다. 2011년 래퍼 드레이크가 발표한 곡의 가사 중 일부인데, 노래가 유명해지면서 인기를 끌게 되었다. 이후 버락 오바마가 '오바마케어'를 알리기 위한 비디오에서 사용하며 더욱 유명세를 탔다. 현재 YOLO는 자신의 행복을 최우선의 가치로 여겨 이를 위해 경제적으로 맘껏 소비하는 태도를 일컫는다. 부모 세대처럼 내 집 마련을 일생의 과업으로 삼거나 노후 준비를 위해 아껴서 저축하기보다는, 자기계발이나 취미생활을 위해 아낌없이 투자함으로써 자신의 이상을 실현시키는 데 초점을 둔 삶의 양식이다. 욜로의 유행은 많은 청년들이 현재의 즐거움만을 중시해 소비적인 태도를 보이는 데 일조했다. 그렇다면 이런 현상이 중고등학생들에게는 어떤 영향을 미쳤을까? 우선 학생들이 학교에서 생활하는 모습을 크게 세 부류로 나누어 살펴보자.

첫 번째는 공부만 열심히 하는 학생이다. 이 학생들은 집중해서 수업을 듣는다. 특히 시험에 관한 것이라면 더 귀를 쫑긋 세우고 복습도 철저히 한다. 집에 가서도 나름대로 계획을 세워 부족한 과목을 보충하기 위해 동분서주한다. 이런 학생들의 부모님 역시 자녀 교육에 관심이 많아 적극적으로 지원하는 경우가 대부분이다. 부모님이 명문대 입학을 원하기 때문에 할 수 없이 열심히 공부하는 것이라고 말하는 학생도 일부 있지만 대부분은 자신이 정한 목표가 있기 때문에 열심히 공부한다. 점수를 올릴 수 있는 방법에 늘 모든 신경을 집중하느라 때로는 이기적인 모습을 보이기도 한다. 자신의 인생에 대한 큰 그림을 갖추진 못했지만 어느 대학에 들어가 무엇을 하고 싶다는 정도의 목표는 세운 상태다.

두 번째는 노는 것에 푹 빠져 있는 학생이다. 이 학생들은 그저 노는 것이 좋아서 공부와 담을 쌓는다. 부모의 관리가 소홀하거나 집안의 불화가 심한 학생들 역시 노는 것에 집중하는 경우가 많다. 방과 후 학교 밖에서 노는 것을 가장 재미있고 의미 있는 일로 생각하다 보니 '원래 나는 머리가 나쁘다.'는 자괴감에 빠지기 쉽고 자신감을 잃으면서 더욱 더 공부를 멀리하게 된다. 이런 학생들은 이성 친구를 사귀기 위해 애쓰고 텔레비전 프로그램이나 게임에만 푹 빠져 하루를 보낸다. 이들에게 공부는 그저 졸업장을 받기 위한, 지루하고 힘든 과정일 뿐이다.

세 번째는 공부도 시큰둥하고 노는 것에도 흥미가 없는 학생들이다. 이 학생들은 모든 일을 귀찮아한다. 너무 어린 나이에 시작된, 강압에 가까운 부모의 조기 교육에 반발을 하는 학생들도 이러한 경우에 포함되곤 한다. 공부 대신 노는 일에 뛰어들었다가 이 역시 흥미를 느끼고 못하고 금방 싫증을 낸다. 공부나 노는 일이 모두 재미없다 보니 도대체 뭘 해야 할지 몰라 멍한 상태로 시간을 보낸다. '공부를 잘한다는 게 무슨 소용인가!'라며 학교생활 자체에 회의를 느낀다. 심지어 사는 것이 재미가 없다고 말하는 친구도 있다. 미래에 대한 생각과 계획은 거의 없다. 그냥 하루하루를 보낼 뿐이다. 이런 학생들은 좋아하는 것도 별로 없다. 심지어 좋아하는 음식도, 좋아하는 친구도 없는 경우가 많다. 몸과 마음이 늘 지친 것처럼 힘이 없다. 그리고 항상 불만에 쌓여 있다. 이것을 왜 써야 하느냐, 왜 읽어야 하느냐, 왜 그곳으로 체험학습을 가야 하느냐, 왜 일찍 와야 하느냐, 왜 우리 반만 늦게 가야 하느냐 등 모든 것이 불만투성이다. 도대체 학교는 왜 다녀야 하는지 이유를 모르는 것이다.

욜로가 유행하면서 아무것도 보장되지 않은 먼 미래를 위해 현재의 즐거움을 희생하고 싶지 않다고 말하는 중고등학생도 점점 늘어나고 있다. 시대의 유행을 반영하듯 요즘 청소년들도 현재의 즐거움을 최우선이라 말하는 것이다. 반면 많은 어른들은 학창 시절이 제일 좋은 시기이고 그때 열심히 공부하지 않으면 나중에 후회한다고 말한다. 그 말에도 일리가 있지만 공부를 잘하고 좋은 대학에 간다고 해서 사회적 성공이 보장되던 시절은 지났다. 10대만이 아니라 20대가 되어도 하릴없이 시간을 흘려보내는 청년들이 적지 않다.

그렇다면 중고등학교 시절을 어떻게 보내야 할까? 한 가지 주목할 만한 점은 세 부류 모두 공부 자체를 나름의 이유를 들어 힘들어했다. 첫 번째 부류는 대학 입학이라는 목표가 있지만, 자신의 꿈에 대해서는 생각해 보지 않은 채 성적만 잘 받으려 했기 때문에 공부를 힘들어했다. 두 번째와 세 번째 부류의 학생들은 아침에 일어나면 습관적으로 학교를 온다고 한다. 심지어 갈 곳이 학교밖에 없으니까 오지 않느냐고 반문하기도 한다. 그러니 공부가 힘들 수밖에 없다.

지금 자신이 어떤 부류에 속하든 명심해야 할 것은 하나다. 인생은 단 '한 번'뿐이라는 사실이다. 한 가지 제안을 하고 싶다. 오늘 학교에 가서 내가 책상에 앉아 있어야 하는 이유를 찾아보자. 공부도 좋고, 공부가 아닌 것도 좋다. 하루에 딱 10분만 고민을 해 보자. 5분 동안은 '내가 진정으로 하고 싶은 것'이 무엇인지 찾아내고, 나머지 5분 동안은 '이를 위해 내가 학교를 다니는 동안 할 수 있는 일'을 찾아보자. 아침에 화장실에 앉아 있을 때도 좋고, 버스를 기다릴 때도 좋고, 점심을 먹고 잠깐 쉴 때도 좋고, 수업이 귀에 안 들어와 멍하니 있을 때도 좋고, 잠이 안 와 자꾸 눈이 떠질 때도 좋다. 하루 10분. 그렇게 긴 시간도 아니지 않은가. 매일매일 10분간, 한 번뿐인 내 인생을 위해 무엇을 할 것인지 '고민'의 시간을 갖는 것이다.

지금 여러분이 어떤 부류에 속하는 학생이든 모두 미래에 대한 고민을 안고 있다. 그런데 막연한 고민에서 그치고 만다면 그 고민은 아무 의미가 없을 것이다. 아직 꿈이 무언지도 잘 모르고, 미래에 대한 계획도 세울 수 없다면 우선 '고민'만큼이라도 치열하게 해 보자. 고민이 깊어지면 깊어질수록 조금 더 자신을 잘 알게 되고 사랑하게 되고, 자존감도 높아지게 된다.

　근래에 들어 '욜로'가 잘못된 의미로 받아들여져 젊은이들이 방탕한 생활을 자유로 착각한다는 기사들이 나오고 있다. '욜로'는 아무나 하는 게 아니다. 자기 인생을 완벽히 책임질 수 있는 사람만이 자기 인생을 온전히 즐길 수 있다. 한 번뿐인 인생, '욜로' 하고 싶다면 '고민'을 하자.

3

무엇을
준비할 것인가

　우리나라 사람의 평균 수명은 1970년만 해도 남자 58.7세, 여자 65.6세였다. 2013년에는 남자 78.5세, 여자 85.1세로 늘어났다. 40여 년 동안 어림잡아 30% 정도 수명이 늘어난 셈이다. 여러분의 시대에는 평균 수명이 얼마나 될까? 120세가 될 것이라는 말도 나온다. 이 말은 청소년기에 방향을 제대로 잡지 못하면 더 긴 세월을 불행하게 보내야 된다는 말이기도 하다. 그래서 청소년기의 진로 교육이 요즘 들어 더욱 강조되고 있다. 그렇다면 인생이라는 긴 여정 속에서 여러분이 원하는 꿈에 도달하기 위해서는 무엇을 준비해야 할까?

첫 번째, 가장 중요한 것이 정보, 지식, 기술의 습득이다. 예를 들어 내 차를 타고 여행을 간다면 차를 운전할 수 있는 능력, 도로 상황을 파악할 수 있는 능력, 차에 문제가 생겼을 때 감지하고 해결할 수 있는 능력 등이 필요할 것이다. 마찬가지로 긴 인생을 살아가면서 반드시 갖춰야 할 것은 세상을 사는 데 필요한 지식과 기술이다.

'4차 산업혁명'으로 대변되는 21세기는 창의력이 강조되는 시대이다. 창의력이 중요하다고 강조하니 공부는 필요 없는 것으로 오해하는 경우가 종종 있지만 이는 잘못된 것이다. 만약 어떤 사람이 혁신적인 핸드폰을 만들고 싶다고 결심했다고 하자. 한 사람은 친구와 노는 것도 뿌리치고 게임도 끊고 오로지 핸드폰 개발에만 매달렸다. 새로운 핸드폰 구상에 시간이 어떻게 흐르는지도 몰랐다. 또 한 사람은 기존의 핸드폰을 충분히 공부한 후 그것보다 성능이 뛰어난 핸드폰을 만들겠다고 다짐했다. 그래서 기존의 핸드폰을 분해해 분석하고, 자료를 수집하고, 프로그래밍에 대해 공부하였다. 과연 두 사람 중에 어떤 사람이 혁신적인 핸드폰을 만들어 낼 가능성이 높을까? 여러분은 쉽게 판단할 수 있을 것이다.

기초 지식 없이 혁신적인 기술이 만들어지기 힘들다. 바로 이 기초 지식을 쌓을 수 있는 것이 공부다. 학교 수업을 소홀히 해서는 안 되는 이유도 여기에 있다. 단지 시간을 때우고, 점수를 올리고, 졸업장을 받기 위해 학교에 가고 책상에 앉아 있어서는 안 된다. 내 지식의 기초를 다지는 시간으로 활용해야 한다.

여기서 놓치지 말아야 할 사실이 하나 있다. 공부라고 하니 수업에만 국한시켜서 이해하는 학생이 많다. 그러나 여기서 말하는 공부는 더 포괄적인 의미를 담고 있다. 전시관이나 박물관 관람, 야외 체험활동, 봉사활동 등 학교가 아닌 곳에서 이루어지는 모든 활동, 관찰하고 느끼고 감동을 받는 모든 것들이 공부다. 책상에 앉아서 책만 들여다보는 것이 공부의 전부라 생각하면 공부가 지루해질 수밖에 없다. 나를 발전시킬 수 있고 나를 향상시킬 수 있는 것, 앞으로 내 인생에 변화를 가져다줄 수 있는 것은 모두 공부임을 잊지 말아야 한다.

두 번째로 준비해야 할 것은 체력이다. 성공한 사람들은 체력의 중요성을 공통적으로 강조한다. 여기서 말하는 체력은 아프지 않고 건강하게 생활하기 위해 필요한 신체능력에 국한되지 않는다. 어떤 일이든 일정 수준 이상에 다다르려면 많은 시간을 투입해야 한다. 말콤 글래드웰은 '1만 시간의 법칙'을 통해 한 분야에서 인정받는 전문가가 되기 위해서는 하루 3시간씩 10년 정도 노력해야 한다고 강조한다. 물론 하루에 더 많은 시간을 투자한다면 이 기간을 단축시킬 수도 있다. 그런데 이렇게 시간을 투자하려면 몸이 먼저 견뎌낼 수 있어야 한다. 그것이 공부든 기술이든 마찬가지다. 지금 하는 공부가 재미있다면 시간 가는 줄 모르고 전념할 수도 있다. 그러나 내가 좋아하는 일만 할 수는 없다. 때때로 하기 싫은 일도 참고 견디며 배우고 익히는 시간이 필요하다. 이때 쉽게 피로해지지 않고 중간에 포기하지 않으려면 오래 버틸 수 있는 '강인한 체력'이 필요하다. 체력이 따라주어한 번 더 연습하고 노력한 사람이 더 잘하는 것은 당연한 이치다.

유명 프로 골퍼 최경주는 선수 생활 초반에 다른 사람보다 한 시간더 연습하는 것을 원칙으로 삼았다고 한다. 세계적인 레스토랑 엘 불리El BULLI에서 동양인 최초로 일할 기회를 얻은 장명순도 무조건 다른사람보다 한 시간 일찍 출근하고 한 시간 더 연습하는 것을 목표로 삼았다고 한다.

밤늦게까지 공부하고 싶은데 너무 피곤해서 버티지 못하겠다고 말하는 학생들이 제법 있다. 대부분 목표 없이 그저 책상에만 앉아 있는학생들이다. 점심시간을 이용해 운동장에서 축구를 하거나 배드민턴을 하지도 않는다. 체육대회를 위해 줄넘기 연습을 해야 한다고 급우들이 성화를 내도 움직이지 않는다. 대신 핸드폰을 하거나 잠을 잔다.이런 학생들은 고학년이 될수록 체중이 늘어나서 조금만 움직여도숨이 차다고 말한다.

요즘은 가까운 거리도 버스를 타거나 부모님이 차로 태워 주는 경우가 많다. 근거리 배정으로 그리 멀지 않은 곳에 집에 있음에도 걷지 않는 학생들을 보면 안타깝다. 어떤 학생들은 공부 때문에 걷는 시간조차 아깝다고 말한다. 과연 그럴까? 굴지의 기업을 이끄는 유명 CEO들이 매일 빠지지 않고 하는 일이 하나 있다. 바로 운동이다. 여러분보다 더 바쁜 일상을 보내는 그들도 반드시 시간을 내서 운동을 한다. 빡빡하고 힘든 일정을 소화하려면 강인한 체력이 필수이기 때문이다.

골퍼 박민지 선수는 '2016 세계여자팀 아마추어 챔피언십'에 국가대표로 출전해 우승한 후 KLPGA 정회원 자격을 획득했고 두 번째 대회에서는 우승컵과 함께 상금 1억 8,000만 원의 '대박'을 터뜨렸다. 2017년 4월 KLPGA 투어 삼천리 투게더 오픈에서도 3차까지 가는 연장전 끝에 우승을 거머쥐었다. 19살의 소녀가 이렇게 빨리 프로 세계에 적응하고 우승할 수 있었던 비결은 바로 초등학교 때부터 다진 체력에 있다고 한다. 내 몸 없이 할 수 있는 일은 없다. 체력은 나의 경쟁력이다. 그러니 오늘부터 운동을 시작하자.

세 번째로 갖춰야 할 것은 정신력이다. 성공하려면 어떤 어려움이 있어도 끝까지 목표를 놓지 않는 마음의 힘, 정신력이 있어야 한다.

학교는 하나의 목표를 두고 계속 도전하면서 자신감을 기르기에 좋은 장소이다. 그래서 학창 시절을 자신감을 얻는 시기로 적극 활용해야 한다. 성공은 자기 확신에서 출발하기 때문이다.

공부는 못하지만 회사에 입사하면 업무는 잘해 낼 것이라고 말하는 학생들이 꽤 있다. 일이 계획대로 잘될 때는 문제가 없다. 그런데 해결이 어려운 심각한 문제가 생겼을 때는 어떨까? 많은 청년들은 그런 상황에서 바로 퇴사를 해 버린다. 그리고 벌어놓은 돈을 전부 털어 해외여행을 떠난다. 돌아와서 다시 취직을 할 수 있을 것이니 서두르지 않는다고 말한다. 결혼을 하지 않은 경우라면 이런 여유도 가능하겠지만 가정을 이뤘다면 이런 결정이 결코 쉽지 않다.

얼마 전만 해도 신입사원을 뽑아 회사에서 비용을 지불하며 교육하는 것을 당연시했다. 그렇게 숙련된 사원은 몇 십 년 회사를 위해 열심히 일했기 때문이다. 그러나 요즘 기업들은 바로 현장에 투입할 수 있는 경험 있는 사람을 선호한다. 이직이 잦은 것을 잘 아는 기업에서 이제는 위험을 감수하지 않기 때문이다.

자신이 하고 싶은 일을 하며 월급도 많이 받는 것이 대다수 청년들의 바람이다. 그러나 하고 싶은 일을 하게 될 때까지, 즉 어떤 일을 잘하게 될 때까지는 힘들고 지루하고 심지어 고통스러운 시간도 견뎌야 한다. 그러기 위해서는 자신을 믿는 마음이 있어야 한다. '나도 해

낼 수 있다.'는 자신감이 필요한 것이다. 그리고 바로 이 자신감을 키울 수 있는 곳이 여러분이 대부분의 시간을 보내는 학교다.

학생들은 시험 기간이 다가오면 성적을 올리기 위한 전략을 세운다. 이때 대부분은 평균 점수를 올리려 한다. 그래야 반 등수나 전교 등수가 오르기 때문이다. 그런데 아무리 노력을 많이 해도 갑자기 여러 과목의 점수를 올리기는 쉽지 않다. 그러니 자신 있는 과목 한두 개 혹은 서너 개를 목표로 정하는 게 효율적이다. 시간과 노력을 여러 과목으로 분산시키지 않고 몇 개의 과목에 집중시키면 조금이라도 성적을 올리는 것이 쉬워지고 자신의 노력이 효과를 봤으니 자신감도 생기게 된다. 그런 다음에 그 자신감을 바탕으로 평소 지지부진했던 과목에 도전하면 된다. 냉혹한 사회에 나가서는 이러한 시도를 해볼 기회조차 얻기 어렵다.

학교에서는 도전 과제도 목표 수준도 내가 정할 수 있다. 실패했다고 사유서를 쓰거나 해고를 당할 염려도 없다. 금전적인 손해 배상의 의무는 더더욱 없다. 많은 사람들에게 비난을 받는 것도 아니지 않은가! 인생에서 이보다 더 좋은 기회는 없다. 작은 목표들을 조금씩 달성하다 보면 성취감과 경험이 쌓이고 자신의 능력에 대한 믿음도 점점 쌓일 것이다. 청소년기에 얻은 자신감은 사회에 나갔을 때 가장 강력한 무기가 될 수 있다. 청소년기에 학교에서 지식과 기술을 연마하고 강인한 체력을 다지고 더불어 굳건한 정신력까지 갖추게 된다면 사회에 나가 어떤 일을 하든 무엇이 두렵겠는가?

4

스타트라인에
서다

얼마 전 안산과 군포를 자주 오갔었다. 요즘은 모르는 길도 내비게이션으로 쉽게 찾아갈 수 있어 내비게이션의 도움을 많이 받았다. 며칠이 지난 어느 날 내비게이션을 켜지 않고 고속도로에 올랐다. 안산 IC에 진입한 후 잠시 딴 생각을 하는 사이 갈림길에 도달했고 속력을 내며 뒤따라오는 차들이 있었기에 얼른 방향을 정해야 했다. 여러 갈래 길도 아닌 딱 두 갈래 길이었다. 왼쪽 아니면 오른쪽이었다. 생각을 채 마치기도 전에 이미 차는 오른쪽 도로로 접어들어 달리고 있었다. 그러나 조금 달리다 보니 잘못된 길로 들어섰음을 알게 됐다. 그러나 어쩌랴. 되돌아갈 수도 없고 바로 빠져나갈 수 있는 길도 없다. 제법 먼 거리를 달려서야 겨우 빠져나올 수 있었다. 한참을 빙빙 돌았다. 시간을 버리고 연료도 낭비했다. 아픈 무릎의 통증도 심해졌다. 큰일이 난 것은 아니지만 그날 나는 '하고 싶었던' 운동을 하지 못했다.

같은 장소에서 출발하더라도 갈림길에 다다른 순간 어느 쪽을 선택하느냐에 따라 도달하는 곳은 엄청난 차이가 날 수 있다. 순간의 선택이 10년을 좌우한다는 광고가 유행한 적이 있다. 성인이 되어 사회에 진출해도 마찬가지겠지만, 청소년기 역시 이 갈림길과 여러 번 마주해야 하고 어디로 갈지는 대부분 스스로 판단해야 한다. 부모님이나 선생님의 조언도 중요하지만 스스로의 선택이 인생에 미치는 영향이 훨씬 크다. 매순간 여러분이 내린 선택이 인생길의 지도를 만들고 삶의 최종 목적지가 결정된다. 그렇다면 학생의 신분으로 내릴 수 있는 최선의 선택은 무엇일까? 우선 떠오르는 것은 바로 '공부'다.

많은 학생들이 "공부한다고 잘산다는 보장이 어디 있어요?", "공부 잘하면 성공이 보장되나요?" 하고 직설적으로 묻는다. 공부가 필요치 않다고 생각해서 묻는 것이 아니다. 미래가 불안하니 뭔가 확실한 대답을 듣고 싶어서 질문하는 경우가 대부분이다. 그런데 인생에 있어 그 무엇도 100퍼센트 보장되는 것은 없다. 미래는 아무도 모르고 우리가 통제할 수도 없는데 어떻게 100퍼센트 보장하겠는가? 바로 이런 이유 때문에 지금 충실히 준비해야 하는 것이다. 그래야 일을 잘해낼 수 있는 확률, 성공 확률을 높일 수 있기 때문이다.

요즘 번화가나 동네 골목에서 쉽게 볼 수 있는 오락기계가 있다. 바로 인형 뽑기이다. 유행이 한풀 꺾이기는 했지만 곧 사라질 것이라는 사람들의 생각과는 달리 하나의 놀이 문화로 자리 잡았다. 아이들뿐만 아니라 직장 스트레스를 날려버리기 위해 4, 50대의 직장인들도 인형 뽑기를 즐긴다. 아이들과 함께 인형 뽑기를 하며 대화를 나누는 기회로 삼는다는 부모들도 있다. 기분 전환용으로 한두 번 하고 마는 사람도 있지만 자주 들러 인형을 뽑아 가는 사람도 있다. 어떤 이들은 인터넷에서 인형 뽑기 잘하는 법에 대한 동영상을 찾아보거나 친구들 통해 인형 뽑기 잘하는 비법을 전수받기도 한다. 매번 원하는 인형을 뽑을 수는 없지만 좀 더 적극적으로 노력하면 분명 인형을 뽑을 확률이 높아진다. 그래서 잘 뽑는 방법에 대해 연구하는 것이다. 재미 삼아서든 기분 전환용으로든 또는 사랑하는 사람에게 선물로 주고 싶어서든, 인형을 얻으려면 노력을 기울여야 한다. 노력을 많이 할수록 성공 확률도 높아지는 것이 게임의 원리다. 이러한 노력이 없다면 돈과 시간만 허비하게 된다. 한두 번은 인형을 뽑지 못해도 즐거울 수 있다. 그러나 이것이 되풀이된다면 약이 오르고 화가 날 수도 있다. 어떻게 하면 잘할 수 있을까 고민도 하게 될 것이다. 실패하더라도 거듭 도전해서 요령을 익히는 방법도 있다. 공부도 마찬가지다. 적극적으로 필요한 지식과 정보, 기술을 습득한다면 자신이 원하는 것을 성취할 확률이 높아진다. 또한 공부 역시 처음에는 잘 안 되더라도 꾸준히 하다 보면 나름대로 방법을 터득하게 된다.

"뿌린 대로 거둔다."라는 말이 있다. 상추 씨앗을 뿌리지 않은 밭에서 상추를 수확할 수 있다고 생각하는 사람은 없다. 내가 논에 벼를 심지 않았는데 가을에 벼가 주렁주렁 열릴 것이라고 기대하는 사람도 없다. 그런데 학생들은 다르다. 지금 씨앗을 뿌리는 일에는 관심도 없거나 그 가치를 인정하지도 않으면서 어른이 돼서는 "잘살고 싶다."고 분명하게 말한다. 잘살고 싶은데 왜 지금 노력하지 않느냐고 물으면 다른 아이들만큼 좋은 머리를 타고나지 않아서, 부모님이 돈이 많지 않아서, 남들보다 특별히 잘하는 것이 없어서 등등 많은 이유를 댄다.

여러분은 지금 현재 자신의 모습으로 미래를 규정짓고 있지는 않은지 돌아보자. 지금 현재의 성적, 현재의 외모, 현재의 운동 실력, 현재의 가정형편 등 현재 자신의 처지와 성적으로 기대를 접은 것은 아닌지 되돌아보자.

어떤 학생이 이렇게 말했다. "우리 집에 돈이 많았으면 방학 동안 저도 어학연수를 갈 수 있었을 텐데, 그러면 저도 영어를 잘할 수 있을 텐데, 저희 집은 그런 형편이 안 돼서 부모님이 팍팍 지원해 주는 친구가 부러워요." 하지만 부모님을 원망하기 전에 냉정하게 자신을 한번 돌아볼 필요가 있다. 외국에 가지 못하면 영어 실력을 쌓을 수 없을까? 과연 한국에서 할 수 있는 노력은 충분히 했을까? 최소 수업 시간에 선생님 말씀을 놓치지 않으려고 매번 집중했을까? 그렇지 않았다. 자신의 실력을 키우기 위해 충분히 노력하지도 않았으면서 그저 환경의 탓으로만 돌리고 있었던 것이다.

내가 갖고 있지 않은 것, 부자인 친구가 갖고 있는 것, 공부를 아주 잘하는 친구가 갖고 있는 것을 부러워하지 말자. 키 크고 멋진 외모, 무엇이든 잘 이해하고 암기하는 좋은 머리 등 나에게 부족하다고 생각되는 것에 집착하지 말자. 그런다고 내 인생에 무슨 득이 되겠는가? 다른 사람이 갖고 있는 것을 부러워하기 전에 자신에게 있는 자질을 먼저 생각해보자. 품성, 암기력, 재능, 체력, 성격 등 지금 여러분이 갖고 있는 모든 것이 씨앗이 될 수 있다. 내가 매일 관심을 가지는 것, 하고 있으면 시간 가는 줄 모르는 것, 내가 흥미를 느끼는 것, 다른 사람들이 잘한다고 칭찬해주는 것 등 어떤 것이든 일단 나의 장점을 먼저 찾아보자. 그리고 그것과 연관된 직업을 알아보고 관련된 자료를 꾸준히 모으자. 이렇게 하다 보면 공부를 해야 할 동기가 생길 것이다. 그리고 이것이 '출발점'이 될 수 있다.

지금 열심히 사회생활을 하는 성인들은 치열한 경쟁에서 뒤처지지 않기 위해 부단히 노력한다. 어쩌면 지금 학생들이 학교에서 하는 노력보다 더 많은 열정을 발휘할지 모른다. 이제는 평생학습의 시대다. 배움에는 끝이 없다. 100세 시대를 살아가기 위해서는 7, 80대의 노년기에 접어들더라도 배움의 의지를 놓지 말아야 한다. 좋은 성적을 받기 위한 것도 공부지만, 인생을 자신이 원하는 방향으로 이끌어 가는 것도 공부다. 지금, 교과서를 통해 배우는 '공부'라는 씨앗 뿌리기는 사회에 나갔을 때 나의 재능을 마음껏 발휘할 수 있는 좋은 기회, 성공할 확률을 높여 줄 것이다. 자신에게 주어진 환경을 극복하고 진정으로 공부를 해 보겠다고 마음먹었다면 이미 스타트라인에서 한 걸음 뗀 것과 다름없다. 시작이 절반이라 하지 않는가?

5

나를 알고
상대를 알자

매년 3월 초, 중학교에 갓 입학한 학생들은 어디를 가나 금방 알아볼 수 있다. 아직 초등학생 태를 벗지 못한 앳된 얼굴뿐 아니라 때 묻지 않은 새 교복을 보면 신입생임을 쉽게 알아볼 수 있다. 새로 부임한 선생님과 새로 입학한 학생들로 학교는 신선한 활기가 넘친다. 교실의 분위기도 마찬가지다. 3월 한 달은 면학 분위기가 그 어느 때보다 뜨겁다. 학생들은 나름대로 긴장하고 새로운 학교생활에 기대를 품는다. 등교 시간도 잘 지키고 학교에 와서는 조용히 앉아 책을 펴고 자습한다. 이상적인 학교의 모습이다. 이대로라면 일 년 동안 훈화도 잘될 것 같고, 독서 활동도 순조로울 것 같고, 나아가 진로에 대한 조언과 상담을 해줄 여력이 충분할 것 같다. 교과 선생님과 담임 선생님들은 기대에 부푼다. 그런데 아쉽게도 이런 모습은 오래가지 못한다. 예전에는 한 달 정도는 지속되었는데 요즘은 1주~2주 정도에 불과하다고 선생님들이 말한다.

그러면 이 기간 동안 학생들은 무엇을 할까? 학교 시설을 살피고 각 과목의 특성을 파악하고 친구들과 친해진다. 그중 중요한 일은 선생님을 파악하는 것이다. 담임 선생님이 무서운지, 뭘 잘못해도 잘 넘길 수 있을 정도로 너그러운지 살핀다. 학과 담당 선생님의 경우도 마찬가지다. 수업시간에 바짝 긴장하고 있어야 할지 옆 친구와 장난을 쳐도 될지를 파악한다. 이 기간 동안 학생들은 일 년을 어떻게 보내야 할지 탐색한다. 안타깝게도 이 탐색 기간이 끝나면 교사와 학생이 한마음이 되어 계획대로 일과를 진행하는 일은 힘들어진다. 이는 중학생에게만 해당되는 것은 아니다. 더 성숙한 고등학생도 마찬가지다. 우리 속담에 "누울 자리를 보고 다리를 뻗는다."는 말이 있다. 학생들은 자신의 자리를 먼저 살핀다. 편하게 다리를 뻗고 들어도 되는지, 정자세로 앉아 공부에 임해야 하는지, 마음껏 내가 하고 싶은 대로 해도 되는지 가늠해보는 것이다.

사람은 새로운 환경에 처하면 본능적으로 주위를 살핀다. 생존 본능과 무관하지 않다. 앞으로 3년 동안 생활하게 될 학교의 운동장, 식당, 특별활동실 등 주변 환경뿐만 아니라 반 친구들, 선생님들을 주의 깊게 살핀다. 새로운 환경에 적응하기 위해서 주위의 물리적 환경뿐 아니라 인적 환경 즉 사람들을 먼저 살피는 것은 당연하다. 그런데 학생들이 관심 있게 살피지 않는 대상이 하나 있다. 바로 '자기 자신'이다. '나'를 알아야 앞으로 어떻게 학교생활을 해 나갈지 방향을 잡고 계획도 세울 수 있을 텐데 말이다.

'지피지기 백전백승知彼知己 百戰百勝'이라는 말이 있다. 중국의 병법서인 『손자병법孫子兵法』의 「모공편謀攻篇」에 나오는 말로 '적을 알고 나를 알면 백 번을 싸워도 백 번 모두 이길 수 있다는 뜻이다. 그런데 학생들은 '지피知彼'는 하였으나 '지기知己'는 하지 않는다.

청소년 시기는 본격적으로 인생을 준비하는 시기라고 할 수 있다. 우리는 잠깐의 여행을 떠나기 전에도 준비물을 챙기고 빠뜨린 것이 없는지 점검한다. 그런데 단 한 번뿐인 여러분의 인생, 그 긴 여행길에서 아무런 준비도 하지 않는다는 것이 말이 되는가? 그 준비물 중에서 가장 중요한 것이 바로 '나를 살펴보는 일'이다. 주변을 관찰함은 물론 '나 자신'까지 빠짐없이 살펴야 '지피知彼'는 물론 '지기知己'까지 마치게 되는 것이다.

슬픔에 잠긴 한 강아지가 있었다. 어느 날 우연히 거울의 집에 들어섰다. 그런데 이게 웬일인가! 슬픔에 잠긴 강아지들이 사방에서 자신을 바라보고 있지 않은가? '세상은 오로지 슬픔으로 가득한 곳이로구나!' 강아지는 아까보다 더 슬픈 얼굴로 어깨를 축 늘어뜨린 채 거울의 집을 나섰다. 이것은 『왓칭2』에 나오는 이야기다. 내 앞에 나타나는 현실은 내가 생각한 대로임을 알 수 있다. 그렇다면 기쁨으로 가득 찬 강아지가 거울의 집에 들어섰을 때는 어떤 일이 벌어졌을까? 사방에서 수백 마리의 강아지들이 꼬리를 흔들며 자신을 반겨 주었고 그 강아지는 태어난 것을 축복으로 여기고 더욱 행복해졌다.

만약 자신감에 가득 찬 강아지라면 어땠을까? 거울의 집에서 자신감으로 가득한 강아지들이 수없이 보였을 것이고 그 강아지는 더욱 자신감을 얻게 되었을 것이다. 반대로 자신감이 없고 우울한 강아지였다면 더 자신감이 떨어지고 우울해졌을 것이다.

나는 못한다, 나는 좋은 머리를 갖고 태어나지 못했다, 우리 부모님이 부자가 아니어서 나는 충분한 지원도 받지 못했고 하고 싶은 것도 마음대로 할 수 없다, 나에게 그런 재능은 없다 등 스스로에게 한계를 지우는 학생들이 많다. 그러나 교사로서 객관적으로 살펴보면 그런 학생들에게도 크고 작은 가능성들이 분명 보인다. 그럼에도 언제나 자신 없는 태도로 부족하다고 하는 것이 안타깝다. 심지어는 가능성을 일깨워 줘도 전혀 자신의 생각을 깨지 않는 경우도 있다.

　입시 압박을 비교적 덜 받는 시기가 바로 중학교 시절이다. 그래서 자신을 들여다보기에 가장 좋은 시기라고 할 수 있다. 그렇다면 어떤 방법으로 자기 자신을 살펴볼 수 있을까? 오늘 하루를 어떻게 보냈는지 시간별로 기록할 수도 있다. 친구와 만나서 이야기한 내용이나 혼자 생각한 내용들도 기록해볼 수 있다. 그렇게 일주일 정도 기록한 후 공통된 내용들을 가려내보자. 내가 어떻게 살고 있는지 알 수 있을 것이다.

　또한 하루 날을 잡아 조용한 시간에 자신과 대화하는 시간을 만들어보자. 내가 진정 좋아하는 것, 바라는 것, 되고 싶은 것, 하고 싶은 것, 갖고 싶은 것, 고쳐야 할 것 등을 생각해보자. 나의 강점과 약점도 생각해보자. 무엇이 되었든 일단 '나'에 대해 생각하는 시간을 가져보자. 거울을 들여다보듯 나의 내면도 들여다보자. 청소년기는 자신에 대한 탐색기로 삼기에 최적기임을 잊지 말자.

6

거북이가 토끼를 이긴 이유

"토끼와 거북이가 누가 더 빨리 달릴 수 있는지를 놓고 서로 말다 툼을 벌이고 있었다. 결국 그들은 경주로 결판을 내기로 했다. 이길 자신이 있었던 토끼는 서둘지 않았다. 여유가 넘친 나머지 경주 도중 길가에 누워 잠이 들어버렸다. 그러나 거북이는 자기가 불리하다는 것을 잘 알고 있어서 쉼 없이 뛰어갔고 결국 토끼보다 결승점에 먼저 도착했다."

이 이야기는 너무나 유명한 이솝우화에 나오는 「토끼와 거북이」 이다. 우리가 어렸을 때는 '자만하면 진다. 끝까지 포기하지 말고 성실하게 살아라.'라는 교훈을 주는 이야기로 자주 인용되었다. 그런데 거북이가 어떻게 자신보다 빠른 토끼를 이길 수 있었는지 깊이 생각해보지는 않았다.

어떻게 거북이가 토끼를 이길 수 있었을까? 토끼가 잠을 잤기 때문일까? 토끼가 잠을 자는 것을 보고 거북이도 안심하고 쉴 수 있었을 텐데 왜 거북이는 그렇게 하지 않았을까? 상식적으로 절대 거북이가 이길 수 없는 상황에서 어떻게 이길 수 있었을까? 가장 중요한 이유는 거북이가 이 경기의 목적을 잊지 않았기 때문이다. 단순히 재미있는 놀이가 아니라 자신이 토끼보다 빨리 달릴 수 있음을 증명해야 하는 경기였다. 어떻게 해서든 토끼보다 더 빨리 달려야 했다. 자신이 토끼보다 느리다는 것을 잘 알고 있었다. 즉 자신의 부족한 부분을 정확하게 알고 있었으며, 그 순간 자신이 할 수 있는 일은 단 한 가지뿐이라는 것도 알았다. 바로 쉬지 않고 한 걸음 한 걸음 목표를 향해 나아가는 것, 즉 '실행'이었다.

왜 달리기 경주를 하자고 했을까 후회하지 않았다. 토끼가 언제라도 깨서 달려오면 자신이 아무리 노력했어도 이길 수 없으리라 체념하지도 않았다. 만약 거북이에게 '나에게도 이길 가능성이 있다.'는 믿음이 없었다면 토끼처럼 잠이나 자지 않았을까? 거북이가 이긴 이유는 목표의식이 분명했고, 자기 자신을 믿었으며, 쉬지 않고 꾸준히 노력했기 때문이다.

"올해 9급 공무원 공채시험 지원자가 사상 최대를 기록했다. 2월 14일 인사혁신처는 총 4,910명을 선발하는 9급 국가공무원 공채시험에 역대 최대인 22만 8,368명이 지원해 46.5대 1의 경쟁률을 기록했다고 밝혔다. 1년 전보다 지원자가 6,515명 늘었다."(2017년 2월 14일자 〈조선일보〉 기사)

이 기사를 통해 우리는 고용이 불안한 사회에서, 많은 취업 준비생들에게 공무원의 인기가 어느 정도인지 쉽게 알 수 있다. 중고등학생뿐 아니라 초등학생도 미래 자신의 직업에 대해 관심이 많다. 학생 스스로 관심을 갖기도 하고 부모가 먼저 관심을 기울이는 경우도 많다. 학부모의 생각이 많이 변했다고는 하지만 여전히 안정적인 직장을 선호하는 경향이 강하다. 고용이 안정된 직장이 안정적인 생활을 보장해준다고 생각하기 때문이다. 현실적으로 직업에 관심을 기울이는 나이는 점점 낮아지고 있지만 다른 사람이 들으면 허황돼 보이는 직업일지라도 자신의 꿈이라며 거리낌 없이 말하는 학생들의 수는 점점 줄어들고 있다. '어떤 일을 하면 내가 잘할 수 있을까? 어떤 일을 하면 내가 행복하게 살 수 있을까?'보다는 '어떤 직장에 들어가면 안정적으로 연봉을 받고, 사회적으로도 선망의 대상이 될까?'를 우선순위에 둔다. 학업 성적이 뛰어난 학생들은 사람들 앞에서 자랑스럽게 내세울 만한 회사에 입사하기만을 바란다. 직업에 대한 만족도는 그다음일 뿐이다.

그러나 지금 여러분은 거대한 시대의 변화를 겪고 있다. 바로 '4차 산업혁명'의 물결이다. 로봇과 사물 인터넷, 인공지능 등이 인간을 대신하며 많은 사람들의 일자리를 위협하고 있다. 지금 인기 있는 직업, 사람들이 부러워하는 직종이 여러분들이 일자리를 얻어야 할 시점인 10여 년 후에도 과연 존재하고 있을지에 대해 생각해보아야 한다. 학자들은 소프트웨어 기반 기술의 발달로 공장 노동자보다 사무직이 더 위기에 내몰릴 것이라는 전망도 내놓고 있다.

예전보다 시대가 훨씬 빠르게 변하는 만큼 지금 최선의 선택이 10년 후에는 최악의 선택이 될 수도 있다. 그렇기에 청소년들에게는 지금이 특히 중요한 시기이다. 10년 후에는 좋든 싫든 사회에 발을 내디뎌야 하기 때문이다.

이러한 점에서 토끼와 거북이의 이야기는 시사하는 바가 크다. 앞에서도 언급되었지만 요새 많은 학생들은 학업을 포함해 자기가 해야 할 일을 못 하는 이유로 주변 환경과 자신의 능력을 꼽는다. 만일 토끼와 거북이가 육지가 아닌 바다에서 경주를 했더라면 결과는 어땠을까? 당연히 거북이의 승리였을 것이다. 하지만 거북이는 육지라는 불리한 환경과 자신의 능력을 극복해 냈다. 그건 바로 자신에 대한 믿음과 끝까지 목표를 향해 밀고 나가는 실행력이 있었기 때문이다.

10년 후 여러분은 거북이와 같은 상황에 처하게 될지도 모른다. 자신의 능력을 맘껏 펼칠 수 있는 일은 무용지물이 되고, 본인의 능력과 한참 동떨어진 일에 매달려야 할지 모른다. 그때, 그저 변해 버린 세상과 무능한 자신만 탓할 것인가. 어떤 일이 자신에게 맡겨지든, 뚝심 있게 해낼 수 있는 실행력만 갖춰져 있다면 두려울 것이 없다. 어떠한 일, 어떠한 난관 앞에 서더라도 두려움 없이 앞으로 나아갈 수 있는 실행력을 지금부터 키워야 한다. 학교에서 수업을 듣고 공부하는 것에서부터 시작해야 한다. 학교에서는 몇 번을 실패해도 상관이 없다. 하지만 학교에서부터 노력하고 실행하는 것을 포기해버리면 냉혹한 사회에 나갔을 때 결코 그 어떤 것도 실행하고 성취할 수 없게 된다.

이 책에서 우리는 현재의 배움이 왜 중요하고 우리 인생에 어떠한 영향을 끼치는지 알아볼 것이다. 나만의 목표를 세울 수 있는 방법, 내게 맞는 진로를 찾을 수 있는 방법 또한 함께 살펴볼 것이다. 내게 맞는 진로를 선택하기 위해서 잡 트렌드가 어떻게 변하고 있는지 역시 알아볼 것이다. 마지막으로 행복한 삶을 위해 '내 일'을 찾는 방법을 정리해 볼 것이다.

이제 나는 마마보이가 아니에요!

기수는 평범한 집안의 장남이다. 아빠는 대기업에 다니시고 어머니는 집안 살림과 아이들의 교육에 모든 것을 바치는 일을 보람으로 알고 살았다.

기수의 교복은 언제나 깨끗했고 빳빳하게 잘 다려져, 칼라는 손이 벨 것처럼 날카로웠다. 어머니가 그렇게 깔끔하게 돌봐주는 덕에 기수의 성격도 굉장히 깔끔했다. 체육복이 더러워지는 것도 용납 못하는 통에 다른 남학생들이 거부감을 느낀다는 말이 들리기도 했다.

당시는 인터넷으로 공부하는 것이 널리 퍼지기 전이었다. EBS 영어 듣기 시험을 대비하기 위해 지난 연도의 시험문제를 프린트해서 나눠주고 집에서 사이트를 찾아 풀어오라고 했다. 그 사이트 주소를 미리 알려주면 학생들은 편하게 공부할 수 있을 것이다. 그러나 스스로 찾아보는 과정에서 영어는 물론 다른 과목 공부에도 좋은 사이트를 알게 되고 그 사이트를 이용해서 학생들이 스스로 공부 효율을 높이기를 바랐다. 학생들이 꼭 해 보기를 바라는 마음에 수행평가에 반영된다는 말을 했다.

일요일 저녁 10시경, 기수에게 전화가 왔다. 그 사이트 주소를 알려줄 수 없느냐는 것이다. 검색어를 입력해서 직접 찾아보려 했으나 잘 나오지 않는다며 알려달라고 했다. 나는 전화를 한 시간이 밤 10시가 넘었고 가라앉은 목소리에 다급해하는 것 같아 일단 사이트 주소를 알려주었다. 전화를 끊고 기수가 스스로 전화를 한 것이 아니라 어머니의 성화에 못 이겨 전화를 했으리라 짐작했다. 학부모 회의에서 뵈었던 기수 어머니를 알고 있었기 때문이었다. 어머니는 자녀 교육에 꽤 열성적인 분이었다.

다음 날 수업시간에 기수는 기어들어가는 목소리로 "어제는 엄마가 전화하라고 해서 전화했어요."라고 말했다. 자신도 그 시간에 선생님에게 전화를 하는 것은 예의에 맞지 않음을 안다는 투였다. 여동생이 있기는 하지만 장남인 자신에게 온 신경과 관심을 집중하는 엄마가 부담스럽다는 말도 꺼냈다.

얼마 후에 어머니가 다른 과목의 수행 과제도 알 수 없겠느냐고 직접 전화를 해 오셨다. 아들이 잘 알지 못하는데 그 과목 선생님에게 직접 전화하기는 어렵고 담임인 내가 좀 알아봐 달라는 말씀이었다. 물론 그런 일은 기수가 직접 선생님에게 용기를 내서 다시 물어보는 게 좋다. 나는 그런 일을 대신해 주면 기수가 스스로 배울 수 있는 기회를 박탈하는 것이라고 설명하고 정중히 거절했다.

그 다음 날 기수에게 어머니의 관심이 부담스럽다면 어머니가 너의 공부에 관여하지 않도록 하는 방법을 생각해 보라고 했다. 왜 어머니가 너의 공부에 관여하고 참견을 하시는지에 대한 이유부터 생각해보라고 했다.

스스로 내린 결론은 복습하는 것은 고사하고 알아서 과제를 챙기지 않는다는 것이었다. 알림장은 늘 가방 밑바닥에서 구겨진 채로 며칠씩(남학생 중에는 이런 경우가 꽤 된다) 머물고 수행평가 준비도 제대로 하지 않는 일이 반복되다 보니 어머니의 불안과 불신이 자신에 대한 간섭과 참견으로 이어졌음을 알아차렸다.

이제 대책을 세워야 했다. "네가 고등학생 되고 대학생이 되고 성인이 되어서도 어머니의 지시와 간섭, 통제를 받고 살기를 원하니?"라고 물으니 절대 그렇지 않다고 했다. 그럼 어떻게 이 문제를 해결할 수 있을까?

기수에게 다음 날까지 A4 용지에 자신의 생각을 써보라고 했다. 거창하게 계획이니 결심, 해결책이니 하면 부담스러워할 것 같아 자유롭게 써보라고 했다.

다음 날 기수는 다음과 같은 요지의 글을 써왔다.

"지금 스스로 공부를 제대로 챙기지 못해 어머니가 다 알아서 해주다 보면 마마보이가 될 것이다. 그러면 아이들도 싫어해서 친구가 없어진다. 대학교에 들어가서도 어른답지 못하고 어린아이처럼 엄마가 하라고 하는 대로 다 해야 할지 모른다. 자신이 좋아하는 여학생이 생겨도 어머니가 마음에 안 든다고 하면 어쩔 수 없이 헤어져야 하고 그렇게 되면 정말 죽고 싶을 것 같다. 그리고 중학교, 고등학교 공부까지는 어머니가 도와줄 수 있을지 모르지만 대학 공부는 엄마도 어려워서 도와주지 못한다. 이런 일이 생기면 안 되겠구나, 하는 생각이 들었다."

글을 읽고 나서, 시어머니 될 사람이 아침마다 전화를 해서 절대 내 아들과 결혼시킬 수 없다고 하는 바람에 헤어질 수밖에 없었던 지인의 실제 사례를 기수에게 이야기해주었다. 다행히 기수는 현재 자신의 행동이 미래 어떤 결과를 불러올지 잘 알고 있었다. 그래서 자신이 당장 무엇을 실천해야 될지 계획을 세우기가 쉬웠다. 우선은 알림장(2000년대는 종이 알림장이었다)을 받으면 바로 어머니께 드리고 수행평가를 대비한 준비물이나 과제는 스스로 잘 챙겨서 일단 어머니께 신뢰를 받아야겠다고 했다.

기수에게는 '알림장을 잊지 않고 드리기'를 실천하는 것도 쉬운 일은 아니었다. 가끔 잊어버리는 일이 있었고 그러면 준비물이나 과제에 차질이 생기기도 했다. 그러나 그 빈도가 줄어들었고 시험공부 계획도 스스로 세워서 공부하기 시작했다. 일단 계획을 짜는 것만으로도 어머니는 기뻐하셨다. 어머니의 도움이 없으면 힘들었던 수행평가 준비도 점차 혼자 할 수 있게 되면서 점수도 좋아졌다. 현재의 자신을 정확하게 알고 미래를 예측해봄으로써 지금 무엇을 어떻게 해야 할지 알게 된 것이다.

66

세상의 중요한 업적 중 대부분은, 희망이 보이지 않는 상황에서도
끊임없이 도전한 사람들이 이룬 것이다.

— 데일 카네기

99

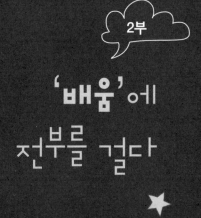

2부

'배움'에
전부를 걸다

1

왜
배우는가

"공부하면 뭐가 좋아요?"

평상시에 열심히 공부하지만 성적이 잘 나오지 않는 학생이 진지하게 이렇게 물었다. 시험기간이 아니라도 수업시간에 항상 집중해서 잘 듣고 꾸준히 복습도 하며 노력하는 학생이었다. 그런데 시험 때가 되면 긴장을 하는 탓에 노력한 만큼 성적이 잘 나오지 않았다. 자신은 공부에 소질이 없다며 허탈해하는 그 학생이 혹여 공부를 놓아버리지 않을까 염려가 되고 안타까웠다. 이 날은 더욱 지친 표정이었다. 이렇게 열심히 공부하면 얻어지는 것이 무엇인지, 나에게 뭔가 희망이 되는 말을 듣고 싶은 눈치였다. "글쎄… 공부하면 뭐가 좋을까?"
우리 둘은 잠깐 침묵의 시간을 가졌다.

요즘은 부모 세대가 학교를 다니던 때와는 의식이 많이 바뀌었다.
70~80년대는 사회적인 성공과 부를 이루는 방법은 오로지 공부를 잘
하는 것밖에 없다는 사회적 공감대가 형성되어 있었다. 좋은 회사에
취직해야 많은 월급을 받을 수 있었고 그것을 가능하게 하는 것이 바
로 성적이었다. 부모들이 간곡히 바라는, 출세의 척도가 되는 직업을
가지려 해도 공부는 필수였다. 하지만 요즘은 학교 성적이 좋지 않아
도 '성공'할 수 있다고 생각하는 부모와 학생 수가 많아졌다. 직업군이
다양화되었고 예전처럼 일자리가 국내에만 한정되는 것도 아니어서
선택의 폭이 넓어졌기 때문이리라.

이 학생의 질문은 사회적 분위기가 이런데 꼭 학교 공부, 즉 학교
성적이 중요하냐는 뜻이다. 공부를 못해도 성공할 수 있는데 이렇게
고생하며 공부하면 무슨 이득이 있느냐며 힘들게 공부할 필요가 없
지 않느냐는 반문에 동의를 구하는 것이다.

학창 시절 성적이 좋지 않았어도 사회에서 성공하는 사람이 있다.

하지만 그런 사람들조차 운이 좋아서 성공한 것은 아니다. 학창 시절 하지 못한 공부를 만회하기 위해 엄청난 배움의 기회를 갖는다. 또한 현재 사회에서 성공을 거두고 승승장구하고 있는 사람들은 누가 됐든 여전히 학창 시절 못지않게 공부를 하고 있다는 사실도 잊지 말아야 한다. 매일 새로운 지식과 기술이 쏟아지고 눈만 깜짝하면 시대가 변한다. 이런 상황에서는 아무리 그 분야의 전문가라도 배움을 게을리하면 바로 도태되기 마련이다.

현재 여러분들은 학교 안에서의, 교과서 내에서의 '좁은 의미의 공부'만 하면 되지만, 성인이 되어 자신의 일을 갖게 되면 전문 분야의 공부는 물론이요, 일이든 인간관계든 '넓은 의미의 공부'를 하지 않을 수 없게 된다. 그것이 현재 우리 사회에서 평생학습이 유행하는 까닭이며, 지금 여러분이 배워야 하는 이유이다. 좁은 의미의 공부조차 제대로 해내지 못하는데 넓은 의미의 공부는 잘해낼 수 있을까?

우선 '공부'라는 단어가 가지는 중압감을 조금 덜어내 보자. 치열하고 삭막한 사회에서의 공부에 비하면, 지금의 공부는 아무것도 아니라고 생각을 달리해 보자. 사회적으로 성공을 거두고 인정을 받는 사람들이 늘 하고 있다는 배움, 학교에서 맛이나 좀 보는 것이다. 그렇다면 그 좁은 의미의 공부를 통해 우리는 무엇을 얻을 수 있을까?

첫째, 목표를 세우고 달성하는 과정에서 성공 습관을 기를 수 있다.

학창 시절에는 목표를 정하고 그 목표를 달성하는 과정을 통해 성취를 이루는 경험을 할 수 있다. 실패한다 해도 커다란 비용이 들거나 인간관계가 망가지는 것은 아니니, 성공 습관을 체화시킬 수 있는 '절호의 찬스'라 할 만하다. 조금만 노력해도 거둘 수 있는 작은 목표부터 하나씩 차근차근 달성해 나가기만 하면 된다.

둘째, 시간관리 능력을 기를 수 있다.

사람들이 시간을 의미 없이 흘려보내는 이유는 추구하는 목표가 없거나, 목표를 정확하게 인식하지 않기 때문이다. 목표가 없으면 시간을 허비하고 있다는 것을 깨닫지 못하고 하루하루를 보내게 된다. 그러나 학생들에게는 공부와 성적이라는 뚜렷한 목표가 있지 않은가. 그 목표에 집중하다 보면 저절로 시간을 관리하는 능력이 생기게 된다.

셋째, 평생 쓸 수 있는 기초 지식과 교양을 얻을 수 있다.

학교에서 배우는 지식과 정보만 제대로 숙지하고 있어도, 사회생활에 큰 도움이 된다. 기본기가 탄탄하면 응용력을 키우기도 쉽다. 학교 공부를 소홀히 하면 사회생활에 필요한 기초 지식과 교양을 쌓기 위해 졸업 후 따로 시간을 들여야 한다.

　내가 알던 한 남학생은 학교 공부가 실생활에 별 도움이 되지 않을 것 같다며 등한시했다. 하지만 대학에 입학해서 다른 친구들과 대화하는 도중에 이해되지 않는 것들이 있어 대화에 끼지 못하는 일이 가끔 생겼고 학창 시절 소홀히 했던 수학이 걸림돌이 되어 대학 전공 공부도 쉽지 않았다. 중고등학교 때 배운 교과서 내용들이 실생활의 상식과도 밀접한 관계가 있다는 것을 알게 되었다. 결국 그 남학생은 학교 공부가 쓸데없는 것이 아님을 뼈저리게 깨닫게 됐고, 초등학교 과학책과 중학교 역사, 수학, 국어 교과서를 구입해서 다시 공부하기 시작했다. 이렇듯 학창 시절의 공부는 지금 당장 성적을 위한 공부가 아니라, 평생 쓸 수 있는 도구를 마련하는 것이다.

　넷째, 문제해결 능력을 기를 수 있다.

　우리나라 교육이 획일적이고 정답만 잘 찾으면 우등생이 되는 맹점도 있지만 그렇다고 거기서 그치면 안 된다. 생각할 수 있는 능력을 스스로 키우고자 노력해야 한다. 문제에 접근하는 방법과 문제해결에 어떤 원리를 적용하면 좋을지 생각하는 시도조차 하지 않는 사람과, 어떠한 상황에서도 시도하는 사람의 성과는 다를 수밖에 없다. 남다른 노력의 과정을 통해 사고력과 통찰력이 길러진다.

다섯째, 미래에 직업 선택의 폭을 넓힐 수 있다.

내가 다니는 평생학습원에서 겪은 일이다. 영어 수업 시간에 '10년 전으로 돌아갈 수 있다면 자신의 재산 중 얼마를 내놓을 수 있는가?'를 주제로 이야기를 나누었다. 내 나이 또래의 사람들은 모두 현재가 좋다고 했다. 아이들을 모두 키우고 이제 자신이 하고 싶은 일을 하며 살 수 있어 지금이 행복하고 만족스럽다고 했다.

그런데 수강생 중에 군복무를 마치고 복학한 남학생은 10년 전으로 돌아가 공부를 열심히 하고 싶다고 했다. 또 다른 여대생도 같은 대답을 했다. 우리는 의외의 대답에 모두 놀라 "열심히 공부하고 싶다고?!"라며 동시에 소리쳤다. 호기심이 발동한 사람들은 눈을 크게 뜨고 이유를 물었다. 남학생은 다시 돌아가 열심히 공부한다면 직업 선택 폭이 늘어나기 때문이라고 했다. 여학생 역시 미래를 더 다양하게 선택할 수 있기 때문이라고 했다. 두 사람 모두 서울에 있는 유명 대학 학생임에도 이렇게 말했다. 다시 한 번 학창 시절로 돌아갈 수 있다면 '정말로', '후회 없이' 열심히 공부해보고 싶다며 아쉬움을 감추지 못했다.

학생들이 아침에 교문을 들어올 때는 마치 호랑이 굴에 들어오는 듯한 표정을 짓는다. 공부에 관심이 없는 학생은 하루를 어떻게 보내야 하나 시무룩해 있다. 학교는 졸업장을 따기 위한 곳이고 진짜 공부는 방과 후 학원에서 하겠다는 마음으로 오는 학생도 있다. 이런 학생들을 볼 때마다 참으로 안타깝다. 다시는 돌아오지 않을, 황금 같은 시간을 그저 흘려보내고 있다는 것을 모르기 때문이다.

공부가 우리에게 주는 유익은 지금 당장 눈에 보이지 않을 수도 있다. 하지만 자신에게 기울인 노력은 자신을 배반하지 않는다. 그 노력이 쌓여서 여러분 미래의 큰 힘이 될 것이다.

2

10대 시절 반드시 익혀야 할 습관

"Success comes from good habits."

(성공은 좋은 습관에서 온다.)

이는 세계적으로 유명한 컨설턴트, 베스트셀러 작가이자 동기부여가인 브라이언 트레이시가 한 말이다. 그는 가정형편이 좋지 않아 고등학교를 중퇴하고 접시닦이, 벌목공, 주유소 아르바이트, 화물선 잡역부를 전전하며 낡은 중고차에서 지내는 비참한 생활을 했다. 그러나 세일즈를 시작하면서 처음으로 인생의 목표를 세우게 됐다. 1,000달러를 벌겠다는 불가능해 보이는 목표였지만 그는 종이에 적어두고 혼신의 노력을 다했고 한 달 후 거짓말처럼 1,000달러의 월급을 받게 됐고 판매사원들을 교육할 정도의 위치에도 올라섰다. 그렇게 빠른 속도로 성공한 그는 세계적인 유명 인사가 되었다. 그리고 브라이언 트레이시는 그의 저서 『CHANGE YOUR THINKING CHANGE YOUR LIFE』에서 성공과 성취의 기반이 되는 잠재력을 끌어낼 수 있는 방법 으로 '습관'의 중요성을 역설했다.

지금 여러분이 하는 공부는 나중에 하게 될 '일'과 같다. 그러므로 현재의 공부 습관은 사회에 나가서 맡은 일을 능히 해내는 능력과 관 련이 있다. 회사에서 점수가 높은 학생을 선택하는 이유는 그 점수만 으로 평가한다기보다 그 정도의 성적을 얻기 위해 그 학생이 이겨냈 어야 할 고통과 인내의 시간을 높이 평가하는 것이다. 그 정도로 공부 의 어려움과 힘겨움을 잘 견디고 참아낸 사람이라면 회사에서도 힘 든 일을 포기하지 않고 목표를 달성할 수 있을 것으로 예상하기 때문 이다.

날마다 반복하는 대부분의 행동은 무의식적으로 이루어진다. 그 런데 그 습관적인 행동이 삶을 결정한다. 따라서 현재의 학교생활이 나 성적에 만족할 수 없다면 습관을 변화시켜야 한다. 잘못된 습관은 지금 바꾸지 않으면 성인이 되어 고치기 어렵고 평생 지속되기 때문에 지금 자신의 습관을 점검하는 것이 좋다.

메모를 잘하는 습관, 집중해서 듣는 습관, 운동하는 습관, 일찍 자는 습관, 독서하는 습관 등 학창 시절에 몸에 익히면 좋은 습관이 많다. 이 중에 꼭 권하고 싶은 습관은 명상과 운동이다. 높은 건물을 안전하게 짓고 싶다면 기초공사가 탄탄해야 하듯, 공부를 잘하고 싶다면 정신이 맑고 몸이 건강해야 한다. 심신을 건강하게 만드는 데 명상과 운동만한 것이 없다.

메이저리그에서 아시아 선수로서는 최고인 124승을 기록한 야구 선수 박찬호는 LA 다저스 시절 국민 영웅 대접을 받았다. 자신감이 있었고 경기 결과도 좋았다. 그런데 텍사스 레인저스로 구단을 옮기고 나서는 불운이 잇따랐다. 몸이 계속 아파서 결국 슬럼프에 빠졌고 팬들의 쏟아지는 비난을 감수해야 했다. 심신이 지쳐 극단적인 생각까지 하게 됐다고 한다. 박찬호 선수가 그 시절 고통과 좌절에서 벗어날 수 있었던 것은 바로 '명상' 덕분이었다.

"나를 찾아가는 명상은 삶의 철학을 배울 수 있는 소중한 시간입니다. 명상을 통해서 나를 알 수 있었고, 부상을 당해서 생긴 고통을 치유하는 계기가 됐어요."

그는 가볍게 스트레칭을 한 후 30분 이상 명상을 하면 기운이 생긴다고 말한다. 명상을 하는 방법에 대해서는 이렇게 설명하고 있다.

"똑바로 앉아서 척추와 머리가 제 위치에 있는지, 몸의 여기저기가 똑바로 되어 있는지 체크하고 맞춥니다. 다른 걱정은 다 떨치고 오로지 몸과 자세에 집중하는 겁니다. 그렇게 평화로운 시간을 가지는 것이 바로 명상입니다."

아침에 떠지지도 않는 눈을 겨우 뜨고 일어나 학교 가기도 바쁜데 언제 이런 걸 하고 있느냐고 반박할 수도 있다. 하지만 이것도 습관이다. 처음에는 신경을 써서 해야 하겠지만, 일주일 정도 하다 보면 습관이 될 것이다.

집중력 및 기억력 향상, 불안과 걱정 및 우울증 감소 등 명상의 효과에 대해서는 이미 많이 알려져 있다. 또한 명상은 창의력이 잘 발현될 수 있도록 두뇌를 자극한다. 창의력이 중요한 시대를 사는 학생들에게 분명 명상이 도움이 될 것이다. 그러니 시간이 허락하는 대로 시도해 보는 것이 좋다.

명상에 운동까지 병행하면 그야말로 금상첨화다. 꼭 실외에 나가서 운동하지 않아도 된다. 공부에 대부분의 시간을 보내야 하는 학생들은 현실적으로 운동할 수 있는 시간이 많지 않다. 그러나 청소년 시기 운동은 강인한 정신력과 장시간 버틸 수 있는 체력을 기르기 위해 반드시 필요하니 여건이 되는 대로 하는 것이 좋다.

사람은 약 140억 개의 뇌세포를 가지고 태어나는데 평생 이 수에는 변화가 없다. 단지 신경세포를 연결하는 시냅스가 일생 동안 계속 발달하면서 두뇌 발달을 촉진한다. 운동은 바로 그 시냅스의 발달에 결정적인 역할을 한다. 그렇기 때문에 두뇌 활동이 많은 학생들에게 운동이 필요하다. 무엇보다 운동을 통해 신체를 건강하게 관리하는 것은 평생 우리가 해야 할 일임을 잊지 말아야 한다.

우리는 늘 시간이 없어서 뭔가를 하지 못한다고 말한다. 그러나 따지고 보면 시간보다 마음이 없어서 못하는 일이 더 많다. 먼저 마음먹는 것부터 하자. 요즘은 집에서 간단하게 할 수 있는 운동도 많지 않은가. 문틀에 봉을 매달아 매달리기도 할 수 있고, 실내 자전거 타기나 아령은 공부를 하면서도 얼마든지 할 수 있다. 돈을 들이지 않고 할 수 있는 운동도 있다. 간단한 맨손체조나 요가를 하면 된다. 운동을 하면서 자신의 목표를 몸에 각인시킬 수 있다. 50개국 여행이 꿈이라면 그 나라 이름을 부르며 윗몸일으키기를 할 수도 있다. 이번 시험 목표가 90점 이상이라면 그 목표를 생각하며 자전거의 페달을 밟아 보자. 시간이 없다는 핑계는 더 이상 대지 말자. 청소년이 하루 핸드폰을 하며 보내는 시간은 최소 1~2시간 이상이다. 공부를 끝내고 밤 12시가 넘어 귀가하는 고등학생조차 핸드폰을 만지작거리다 새벽이 돼서야 잠이 든다고 한다. 그렇게 핸드폰을 들고 어떤 유익한 일을 하고 있는지 자신에게 물어보라.

목표는 너무 길게 잡으면 실천하기 힘들다. 1주일 단위로 계획을 짜고 실천한 다음 성공했다면 자신에게 상을 주자. 평소에 먹고 싶었던 것을 사 먹기도 하고, 보고 싶었던 영화를 보거나 가고 싶었던 곳에 가 보자. 이렇게 일주일, 또 일주일이 모여 한 달이 되고 한 달, 두 달이 모이면 일 년이 된다. 하루의 성공이 일 년의 성공으로, 일 년의 성공이 인생의 성공으로 이어질 수 있다. 세 살 버릇 여든까지 간다는 말이 있다. 일단 시작하자. 평생 간직할 수 있는 좋은 습관을 몸에 익히면 건강은 물론, 덤으로 성공까지 얻을 수 있다.

3

될 때까지
해라

한 청년이 현자로 소문난 왕을 찾아가서 성공의 비결을 물었다.

"저에게 성공의 비결을 알려주십시오. 어떻게 하면 성공할 수 있습니까?"

왕은 대답 대신 포도주를 한 잔 가득 부어주며 이렇게 말했다.

"이 포도주 잔을 들고 시장통을 한 바퀴 돌고 돌아오면 비결을 가르쳐주겠다. 단 포도주를 한 방울이라도 흘리면 이 칼로 네 목을 벨 것이다."

바짝 긴장한 청년은 땀을 뻘뻘 흘리며 복잡한 저잣거리를 한 바퀴 돌았고, 다행히 포도주를 한 방울도 흘리지 않았다. 돌아온 청년에게

왕이 물었다.

"시장을 돌며 무엇을 보았느냐, 거리의 거지와 장사꾼들을 보았느냐, 술집에서 새어 나오는 노랫소리를 들었느냐?"

청년이 대답했다.

"포도주에 신경 쓰느라 아무것도 보고 듣지 못했습니다."

그러자 왕이 말했다.

"바로 그것이 성공의 비결이다. 확고부동한 목표를 세우고 거기에만 집중하면 목표 이외의 온갖 잡동사니는 보이지도 들리지도 않는다."

강헌구 박사의 『가슴 뛰는 삶』에 나오는 이야기다. 성공하고 싶다면 목표를 향해 오롯이 집중하는 일이 얼마나 중요한지 실감 나게 말해준다. 공부뿐만 아니라 내가 하는 일에서 최고의 성과를 내기 위해서는 어떻게 해야 할까?

중학교에 입학하면 거의 다 우등생이다. 학부모 회의 때 어머니들은 우리 아이는 초등학교에서 상위권이었다며 자부심에 가득 차 있는 태도를 보인다. 아이들은 선생님과 부모님의 칭찬과 기대를 많이 받으며 학교생활을 했기에 자신감이 넘친다. 학급 일에도 적극 참여하고 우등생, 상위권 학생이라는 자긍심에 수업 참여도도 높다.

문제는 4월 첫 중간고사를 치르고 점수가 발표된 다음부터다. 중학교 1학년 담임으로서 가장 괴로운 시기다. 아이들이 자신감을 잃고 점점 수업 태도가 나빠지고 체념하는 학생들도 늘어나기 때문이다.

단 한 번의 시험으로 학생들이 이렇게 좌절하고 포기하고 물러난다는 것에 당황하고 난감했던 적이 한두 번이 아니었다. '이제 시작인데 앞으로 남은 시험, 즉 기회가 더 많은데 왜 지레 겁을 먹는 것일까?' 물론 더 열심히 전력투구하겠다는 의지를 다지는 학생도 있지만 소수에 불과했다.

이렇게 의지가 꺾인 학생들에게 다시 의욕을 불어넣기 위해 내 나름대로 방법을 한 가지 생각해냈다. 다른 학생들과 비교하는 대신 자신의 지난 성적과 비교해 조금이라도 성적이 오르면 상을 주기로 했다. 그러나 매 시험의 난이도가 다르기 때문에 평균으로 상을 주는 데 무리가 있었다. 그래서 전교 석차가 오른 학생을 칭찬했다. 이것도 내가 오르면 누군가 내려가는 제로섬 게임이나 마찬가지이지만, 다른 사람이 아닌 나의 과거를 경쟁 상대로 노력하게 만든다는 점에서는 좀 더 나은 방법이었다. 향상된 폭이 큰 학생들은 물론이고 단 1점이라도 향상된 학생들을 칭찬하니 고무되어 더 노력하는 모습을 보였다. 학년 말이 되자 학년 초에 전혀 두각을 나타내지 못했던 학생이 의외로 두각을 나타내는 일도 생기게 되었다.

은숙이라는 학생이 있었는데, 중학교에 들어와 첫 시험의 결과가 좋지 않아 실망을 많이 했었다. 나쁜 시험 결과 때문에 공부를 포기해야 하나 심각하게 고민했었다고 한다. 그러나 다음 시험에서 성적이 조금 향상되어서 상을 받게 되고 그 일을 계기로 자신감이 붙게 됐다. 지금부터 공부하지 않으면 원하는 대학에 가지 못할 것이라는 위기감도 들었다고 한다. 은숙은 그때부터 공부할 시간을 확보하기 위해 시간을 낭비하는 모든 것들을 정리하기 시작했다.

먼저 친구 관계를 정리했다. 서로 대화가 통하는 친구를 제외하고, 유익하지 못한 대화로 시간만 낭비한다는 것을 알면서도 소외될까 두려워 관계를 이어가고 있던 친구들과의 만남부터 줄였다. 물론 한동안 교실에 들어서면 어색한 기분을 느끼기도 했으나 공부에 매진하겠다는 결심을 위해 흔들리지 않고 마음을 다잡았다.

무언가에 매진하려면 정신을 집중시켜야 한다. 정신 집중에 가장 좋은 방법은 주위를 단순하게 만드는 것이다. 요즘과 같이 보고 듣는 게 가득한 세상에서는 삶을 단순화시키는 게 자기계발이자 성공의 한 비법이다. 심플하고 미니멀한 라이프 스타일이 주목을 받는 이유도 거기에 있다.

은숙의 경우 친구 관계를 정리하니 하루 일정이 단순해졌고 훨씬 안정된 마음으로 공부할 수 있게 되었다. 이런 노력은 자기 자신에 대한 믿음을 키우고 공부에 몰입하게 만들어준다. '이렇게 어렵고 힘든 건 나는 못할 거야.'라고 생각하는 친구와 '이렇게 어렵고 힘들지만 나는 할 수 있어.'라고 생각하는 친구가 동일하게 무언가를 시작한다면 결과는 불 보듯 뻔하지 않을까?

목표한 것을 얻으려면 포기해야 하는 것도 생긴다. 목표 외에 보이고 들리는 것이 적어질수록 자신이 잘하고 있다는 사실을 깨달아야 한다. 당장의 즐거움을 포기한다고 해서 내 일상이 무너지는 것은 아니다. 꼭 봐야 할 TV 프로그램이나 친구가 있다면, 그날 할 일을 마치고 즐기면 될 일이다. '이 정도면 되지 않을까?' 하는 마음으로는 결코 목표에 도달할 수 없다.

어떤 학생들은 목표를 위해 아낌없이 노력을 쏟았는데 결과가 좋지 않으면 그땐 어쩌느냐고 할지도 모른다. 오로지 목표만 바라보고 달려갔는데 실패를 경험할 수도 있다. 하지만 그런 걱정을 하는 학생들에게 들려주고 싶은 이야기가 있다.

스탠포드 대학의 심리학과 교수인 캐롤 드웩Carol S. Dweck은 'The power of yet'이라는 TED 강연에서 '자신이 발전할 수 있다는 믿음'이 얼마나 중요한지 설명했다. 일정 수의 과목을 통과하지 못한 학생이 '낙제'를 받으면 스스로 형편없는 학생이라고 좌절하지만 '아직'이라는 평가를 받은 학생은 스스로 배우는 과정 중에 있다고 이해하기 때문에 낙담하지 않고 더 노력한다. 즉 '아직'이라는 말은 자신이 발전할 수 있다는 믿음을 지속하게 만든다.

이 강연을 통해 우리는 당장 결과가 좋지 않다고 해서 이를 인생의 실패로 받아들이지 말아야 한다는 것을 배울 수 있다. 만약 당장의 결과에만 사로잡힌다면 오롯이 목표를 향해 전진하는 대신 손쉬운 방법을 선택할 수도 있다. 부정행위를 저질러 그릇된 결과를 초래할 수도 있는 것이다. 목표를 향해 온힘을 다했다면 결과가 나쁘다고 해서 낙담하거나 끝이라고 생각하지 말자. 이런 노력이 당장 빛을 보지 못하더라도 자신에 대한 믿음을 가지고 계속 도전한다면 더 큰 발전과 목표를 이뤄낼 수 있을 것이다. 나는 이미 틀렸다는 패배주의에 빠지지 않기를 바란다. 지금 당장 좋은 성적을 받아야 한다는 조급함에서 조금 벗어나서 '아직' 나는 발전하고 있는 중이다 생각하고 자신을 믿고 격려하자.

부자와 가난한 사람의 차이, 성공한 사람과 실패한 사람의 차이가 무엇인지 아는가? 부자와 성공한 사람은 "해 보니까 되더라."라고 말한다. 가난한 사람과 실패한 사람은 늘 "나는 해도 안 되더라."라고 말하고 "운이 없다."며 포기한다. 포기하면 더 이상의 발전은 기대할 수 없다는 것을 여러분도 잘 알 것이다.

성공한 사람들이 말하는 최선은 '할 만큼 했다'가 아니라 '될 때까지 하는 것'이다. 여러분도 목표를 세우고 될 때까지 해 보라. 공부든 운동이든 어떤 기능이든 배움에 있어 포기하지 않고 될 때까지 하는 자세, 이것이 여러분을 성장시켜줄 것이다.

4

목적이 있는 곳에
길이 있다

어느 날 수업을 마치고 나니 앞자리에 앉은 학생이 나에게 이렇게 말을 건넸다.

"요즘 공부가 안 돼요."

내가 쳐다보자 듣지 못한 것으로 생각했는지 다시 말을 했다.

"공부하기 싫다고요."

다른 때 같으면 "왜? 무슨 일 있어?" 하고 안색을 살피며 부드럽게 물어봤을 텐데 그날은 뭔가 스스로 느끼게 해주어야겠다는 생각이 들었다. 그래서 다소 서운하게 들릴 수도 있겠다는 생각을 하면서도 이렇게 되물었다.

"그래서?"

"이거 외우기 싫다고요."

단어를 외워야지 본문을 해석할 수 있는데 그것이 귀찮다는 얘기였다. 나는 다시 물었다.

"그래서?"

"이번 시험 공부는 안 할 거예요."

"그래서?"

"다음에 잘 보면 등급에는 별 지장이 없을 거예요."

"그래서?"

"다음 시험에 열심히 하겠다고요!"

"그래서?"

"그러니까 이번 시험에는 공부 안 한다고요!"

나는 한 톤 높여서 힘주어 되물었다.

"그래서~어?"

"그러니까 공부하라고 하지 마세요!"

"그래서?"

"뭐가 자꾸 그래서예요오?!"

그 학생은 급기야 짜증을 냈다. 나는 이 학생에게 공부하라 마라 말을 한 적이 없다. 아마 집에서 스트레스를 받는 것 같았다. 첫아들이니까 꼭 대학에 가야 한다고 늘 강조하는 아빠 때문에 힘들다는 말을 언젠가 한 적이 있었기 때문이다.

내가 이렇게 계속 되물은 까닭은 공부를 해야만 하는 이유를 스스로 찾아보았으면 해서다. 하지만 학생들 중에 이 질문을 진지하게 받아들이는 경우는 거의 없다. 대부분 내 의도를 눈치채지 못했다. 어떤 학생은 내가 자신이 한 말에 제대로 대답해주지 않는다며 화를 냈고, 또 다른 학생은 대수롭지 않게 웃어넘겼다. 말장난 정도로 생각하는 듯했다. 그렇다면 이런 질문에 제대로 대답할 수 없는 이유는 뭘까? 공부를 하는 목적이 명확하지 않기 때문이다.

교직에 있을 때 종종 학생들에게 "공부하는 목적이 뭐지?" 하고 물어보았다. 그런데 자신만의 답을 갖고 있는 학생이 얼마 되지 않아 안타까웠다. 중학교에서는 "부모님의 소원이니까 부모님을 만족시켜 드리기 위해서요."라고 말하는 학생이 많았다. "부모님이 실망하시지 않도록 하려고요, 저를 낳고 키워주셨잖아요."라는 대답도 있었다. 고등학생이 되면 진로를 생각하기 시작한다. 그래서 진학이나 취업에 좋은 성적이 필요하니까 공부하는 것인데 다른 이유가 뭐 있냐고 하는 학생들이 대부분이다. 가끔 특목고에 입학해서 유학을 간다든지 의사나 변호사가 되겠다며 분명한 목표를 말하는 학생도 있었지만 그것도 부모님이 바라는 직업인 경우가 대부분이었다.

특별활동 시간에 학생들이 농구하는 모습을 가까이에서 오래 볼수 있는 기회가 있었다. 농구에 참여하는 학생들은 최소한의 경기 규칙은 이미 알고 시작한다. 상대방의 골대에 슛을 해야 득점을 할 수 있다는 사실이다. 그러니까 상대가 자신의 팀 골대로 뛰어갈 때 방어하기 위해 막아서는 것을 제외하고는 내가 뛰어가야 하는 방향은 오직 상대방의 골대라는 것이다.

즉 선수들은 어느 방향으로 나아가야 하는지 정확이 알고 있기 때문에 상대 선수들의 어떤 훼방이나 압박에도 불구하고 기를 쓰고 앞으로 나아가려 한다. 뚜렷한 목적이 있기 때문이다. 선수들이 아무리 슛을 잘해도 정해진 골대 안으로 공이 들어가지 않으면 득점이 되지 않는다. 득점의 확률을 높이는 방법은 골대를 정확히 인지하고 그곳을 향해 계속 슛을 시도하는 것이다. 아무 데나 공을 던지는 선수는 없다.

'왜 내가 공부하고 있는가?'
'무엇을 위해 공부하고 있는가?'

이 질문에 여러분이 당장 답을 찾기 어려운 이유는 무엇일까? 지금 자신의 상황 안에서만 답을 구하려 하기 때문이다. 공부를 해야 하는 목적의 범위를 넓혀 보는 건 어떨까? 이번에는 이렇게 질문해 보자.

'나는 왜 이 세상에 태어났을까?'
'무엇을 하기 위해 태어난 것일까?'

여러분은 이 세상에서 뭔가 꼭 해야 할 일이 있기에, 21세기가 여러분을 간절히 원했기에 태어난 것이다. 그러니 이 시대, 이 사회를 위해 내가 해야 할 일은 반드시 존재하는 것이다. 언제가 될지 알 수는 없지만, 여러분의 존재를 간절히 원하는 누군가가 분명 미래에 기다리고 있다. 그만큼 여러분은 소중한 사람이다. 이제 조금은 자신감이 생기고 공부에 대한 목적이 드러나는가?

우리는 모두 어떤 소명을 안고 태어난다. 이를 자각하고 자신의 일을 찾아 훌륭한 삶을 살아가는 사람이 있는가 하면, 어떻게 살아야 하는지 답을 찾지 못해 평생 우왕좌왕하며 시간만 보내는 사람도 있다. 사회, 국가, 세계를 위해 유익한 일을 할 사람으로 자신을 규정한 사람과 그저 아무런 목표 의식 없이 살아가는 사람은 다를 수밖에 없다. 마음가짐은 태도를 변화시키고 삶의 태도는 운명을 결정한다.

5

어떤 사람이
성공하는가

『완벽한 공부법』이라는 책을 보면 런던 택시기사에 대한 놀라운
내용이 나온다.

런던의 도로는 좁고 매우 복잡하다, 미묘한 각도로 휘어지거나 막
힌 길도 많다. 거기다 주소 체계가 매우 불규칙해서 처음 방문하는 사
람이 내비게이션이 없이 주소만으로 길을 찾아가는 것은 대단히 어
렵다. 그래서 런던의 택시기사는 세계 어느 나라보다 자격증 따기가
힘들다. 런던의 도시 대부분을 알고 있어야 할 뿐 아니라, A코스에서
B코스로 가는 최적의 길을 잘 알고 있어야 한다. 더구나 채링크로스
반경 9킬로미터 이내 지역은 핵심 건물 하나까지도 꿰뚫고 있어야 하

는데 이곳에만 2만 5천 개의 거리가 있다.

　런던 택시기사들이 이렇게 길 찾기에 최고의 능력을 발휘하는 것을 보고 뇌 과학자들이 관심을 갖기 시작했다. 그래서 2000년에 런던 택시기사 16명의 뇌와 일반 남성 50명의 뇌를 촬영하여 비교하는 실험을 진행했다. 그 결과 런던의 택시기사들은 공간 탐색이나 사물의 위치 기억에 특화되어 있는 해마의 뒤쪽이 일반 남성들보다 큰 것으로 나타났다. 경력이 오래된 사람일수록 해마가 더 컸다. 어쩌면 원래 해마가 큰 사람이 런던의 택시기사에 합격했을지도 모른다. 그래서 연구팀은 다시 시험에 통과한 새내기 그룹, 공부는 많이 했지만 택시기사 시험에 합격하지 못한 사람, 일반인 세 그룹으로 나누어 실험을 진행했다. 처음에는 별 차이를 보이지 않았다.

　그러나 4년 후 다음과 같은 결과가 나왔다. 일반인과 시험에 합격하지 못한 사람들은 해마의 변화가 없었다. 그러나 시험에 합격해서 런던 시내를 수차례 누비고 다닌 택시기사의 해마는 커져 있었다. 뇌가 커졌다는 것은 뉴런 간의 연결이 더 많아졌다는 의미다. 하나의 뉴런은 천 개에서 만 개에 가까운 신경섬유를 가진다. 신경섬유는 심도 있는 공부를 하거나 높은 훈련을 하게 되면 연결이 촘촘해진다. 이렇게 뇌가 해부학적으로 변하는 것을 '뇌의 가소성'이라고 한다. 즉 특정 영역에서 '노력'을 많이 하면 그 영역에 한해서 머리가 좋아지는 것이다. 뇌의 가소성은 우리가 머리를 써야만 하는 학습 분야에서는, 죽을 때까지 성장할 수 있다는 '성장형 사고방식'의 근거를 보여준다.

어떤 분야에서든, 성공을 거둔 사람들은 이런 사실을 미리 알고 있었을까? 재능이 전부라고 생각하고 한계를 극복하지 못하는 사람들과는 달리 성공한 사람들은 자신이 계속 발전하고 성장할 수 있다는 확고한 믿음을 갖고 꾸준히 노력했다. 이런 자세를 갖고 있다면 다음으로 필요한 것은 시간이다. 성공을 하는 사람들은 공통적으로, 시간을 효율적으로 활용하여 성과를 극대화한다.

영화 〈행복을 찾아서〉는 1,000억 원대의 슈퍼리치가 된 크리스 가드너Chris Gargner의 일대기를 그린 영화다. 그는 의료기기 판매원을 하다가 실직하여 노숙자로 전락해 힘겹게 생활했지만, 밤새워 독학한 결과 미국 5대 투자 은행IB 중 하나인 베어스턴스BearStearns에서 일하게 되었다. 이후 투자사 '가드너 리치 앤드 컴퍼니'를 설립하여 슈퍼리치 반열에 올랐다. 이 영화는 아주 짧은 시간이라도 아끼고 아껴 잘 활용하면 인생을 긍정적인 방향으로 변화시킬 수 있음을 잘 보여준다.

크리스는 잠잘 곳이 없어 지하철 화장실 등을 전전하다 노숙자 쉼터를 찾아간다. 그러나 그곳에는 침실이 한정되어 있어 매일 선착순으로 사람을 받았다. 그곳에서 자려면 시간을 아껴야 했다. 최대한 시간을 절약할 수 있는 방법을 찾아야 했다. 화장실을 자주 가지 않기 위해 물을 마시지 않은 것은 물론 사무실 전화로 잠재고객에게 전화를 걸 때 수화기를 내려놓지 않고 손가락으로 끊었다 곧바로 다음 전화를 거는 방법으로 하루 8분을 절약했다. 고작 8분이라고 말하는 사람이 있겠지만 이렇게 절약한 8분으로 크리스는 필요한 것을 얻을 수 있었다. 쉼터에서 잘 수 있었고 그곳에서 공부할 수 있었다. 그 결과 정식 사원이 되고 경쟁사로부터 연봉 30만 달러에 스카우트될 수 있었다.

시간을 최대한 아껴 쓰기 위해서는 우선순위를 먼저 정해야 한다. 내일 꼭 해야 하는 중요한 공부가 무엇인지 자기 전에 미리 챙겨 놓는 것만으로도 많은 시간을 절약할 수 있다. 어떤 것을 먼저 해야 하나 허둥대지 않고 계획해 놓은 부분을 그대로 실행하면 되기 때문이다.

또한 학생들이 시간관리에서 가장 어려워하는 부분 중 하나가 바로 수면 시간이다. 잠을 조금 줄여서 다른 공부를 하면서도 수면 부족을 겪지 않으려면 어떻게 해야 할까?

잠은 깊이 잠든 상태인 NON REM 70분과 얕게 잠든 상태인 REM 20분이 한 세트다. 그러니까 1시간 30분, 3시간, 4시간 30분, 6시간 이렇게 자는 것이 수면 리듬을 깨지 않으면서 건강에도 도움이 된다. 첫 세트의 NON REM 수면이 제일 깊다. 그래서 사회적으로 성공한 사람들 중에는 하루 3시간 수면을 하고도 일상생활에 지장을 받지 않는 사람들도 꽤 있는 것이다.

잠을 자도 피로가 풀리지 않고 머리가 개운하지 않은 사람은 수면 시간을 점검해보라. 성공해서 무리한 일정을 보내느라 잠을 적게 자면서도 늘 건강한 사람들 중에 올빼미족은 거의 없다고 알려져 있다. 같은 시간을 자더라도 일찍 자고 일찍 일어날 것을 권한다. 하루가 힘들수록 일찍 일어나라. 이것은 스포츠 게임으로 치면 선제공격과 같다. 꿈을 이루고 싶다면 의미 없이 흘려보내는 시간을 내 꿈을 위해 투자하자.

6

배움이 없는
성장은 없다

예전에는 학생들에게 공부하는 이유를 물어보면 대부분은 '잘살기 위해서'라고 답했다. 경제적으로 어려웠던 시절에는 물질적으로 풍요롭게 사는 것이 성공의 척도였다. 직업에 대해 편견을 가지는 게 당연했고 출세가 인생의 목표였다. 하지만 이제 우리는 물질이 넘쳐나는 시대에 살고 있다. 사람들이 경제적 성공만큼 정신적인 성장에도 관심을 갖는 것은 당연한 일인지도 모른다.

그렇다면 진정한 자기 성장을 이끌어 낼 수 있는 방법은 무엇일까? 나보다 더 많이 알고 더 깊은 깨달음을 얻은 사람에게 배우는 방법이 있다. 이렇게 훌륭한 사람에게 배움을 구하는 가장 손쉬운 방법은 바로 '독서'다. 모든 정보들이 디지털화되는 시대를 살면서도 세계적인 리더들은 자식에게 가르쳐야 할 것으로 기술보다는 '독서'를 강조한다. 한 분야에서 성공했다고 할 수 있는 사람들이라면 분야에 관계없이 모두 한결같이 독서의 중요성을 강조한다.

세일즈의 달인으로 손꼽히는 한국영업인협회 심현수 회장의 젊은 시절을 살펴보자. 그는 제대 후에 서울의 명문대에 복학하지 않고 다른 친구들이 입사시험을 볼 때, 그 시험장에 들어가 연필을 팔았다. 우연한 기회에 생리통으로 고생하는 여자 친구를 돕기 위해 생리대 사업을 시작하게 됐고 총각이 생리대를 판다는 것이 부각되면서 TV 및 잡지에 수차례 소개되어 매출 15억을 올리게 된다. 이후 후배들에게 체계적인 영업 교육을 제공해주기 위해 한국영업인협회를 설립하여 현장에서 경험한 생생한 영업 노하우를 아낌없이 나누어주고 있다.

심현수 회장의 이런 성공 뒤에도 독서가 있다. 군대 시절 화장실에서 청소를 하다 말고 몰래 숨어서 책을 보던 후임병이 있었다고 한다. 왜 그렇게 책을 읽느냐고 물으니 후임병은 제대 후 시작할 사업에 필요한 지식과 정보를 얻기 위해서 책을 읽는다고 했고 심현수 회장은 적지 않은 충격을 받았다고 한다. 그때부터 심현수 회장 역시 책을 읽기 시작했고 휴가 때는 아버지의 카드로 책을 100만 원어치 살 정도로 많은 책을 읽으며 지식과 전문성을 키웠다. 독서에 많은 시간을 투자한 덕분에 열정이 강해졌고 꿈도 명확해졌다. 그것이 기반이 되어 창업이 가장 유망한 직업이라 결론내리고 세일즈에 뛰어들어 우리나라 최고의 세일즈맨이 된 것이다.

왜 책 읽기가 중요한가?

과거에는 머리와 손을 써서 하던 일들을 이제 로봇이나 자동화 기계들이 대체하고 있다. 몇 사람이 며칠 동안 독한 페인트 냄새를 맡으며 힘들게 했던 도장 작업도, 자동 도장 기계 한 대면 하루 만에 쉽고 안전하게 해낼 수 있다. 새벽부터 여러 명의 청소부가 비질을 해야 했던 도로는 이제 청소차 한 대가 지나가면 깨끗하게 변한다. 이제 사무실의 일조차 컴퓨터가 대신해주고 있지 않은가. 그러한 업무들에 종사했던 사람들은 설 곳이 점점 줄어들고 있다. 그렇다면 미래에 자동화 기계와 인공지능에 뒤지지 않는 능력을 갖추려면 어떻게 해야 할까?

미래학자들이 가장 많이 거론하는 것은 개개인의 창의력, 사람들과 함께 화합하는 협업 능력이다. 그리고 창조적 능력을 기르기 위해서는 책을 많이 읽어야 한다고 강조한다. 창조적 능력이 책 읽기를 통해 이루어진다는 증거는 노벨상 수상자를 가장 많이 배출한 시카고 대학에서 찾아볼 수 있다. 시카고 대학은 입학과 동시에 의무적으로 '인문도서 1인 100권 읽기'를 권하는데 이것을 '시카고 플랜'이라고 한다.

책에 담기는 것은 과거의 지식인데 나에게 무슨 도움이 될까 의문을 가지는 사람도 있을지 모른다. 나에게 필요한 것은 미래의 삶에 도움이 되는 기술이나 지식이기 때문이다. 이에 대해 창의력 컨설턴트인 박종하는 『생각이 부자를 만든다』에서 다음과 같이 설명하고 있다.

"어제의 정답이었던 것이 오늘은 더 이상 정답이 아닌 경우가 너무나 많다. 정답만 외우는 학습은 오히려 나를 잘못된 길로 유도하고, 게임에서 많은 것을 잃게 할 뿐이다. 독서와 다른 사람의 경험을 통해 우리가 배워야 할 것은 정답에 접근하는 방법이다. 기본원리는 어떤 것이었으며, 여러 원리들 중 왜 그런 원리를 선택했으며, 그 원리를 문제에 어떻게 적용해서 정답을 유도했는지를 관찰해야 한다. 그래야 그것이 당신에게 의미 있는 힘이 될 것이다. 어떤 사람의 성공담을 들었다면 당신은 그의 행동보다는 그가 가졌던 기본적인 생각과 그 당시의 상황을 좀 더 주의 깊게 살펴봐야 한다."

이렇듯 독서를 습관화한다면 얼마든지 성공한 사람들을 연구하고, 그들을 나의 롤모델로 삼아 벤치마킹할 수 있다. 그들의 실패와 성공을 바탕으로 교훈을 얻고 그 간접경험을 활용하여 계획을 세우고 실천에 옮길 때 도움을 받을 수 있다. 그러한 과정이 반복되면 조금씩 성장해 나가는 자기 자신을 발견할 수 있을 것이다.

한 가지 명심해야 할 사실은, 성장을 이루기 위해서는 반드시 시간이 필요하다는 점이다. 인내심을 가지고 자신을 지켜보는 사람만이 그리고 기다릴 줄 아는 사람만이 성장의 기쁨을 누릴 수 있다. 많은 학생들이 조금 해 보다가 눈에 띄는 성과가 나타나지 않거나 뭔가 이득이 될 것 같지 않으면 슬그머니 놓아버린다. 뭔가를 배울 때 초기에 이런 힘들고 지루한 시간을 갖게 된다. 수영을 할 때도 처음 서너 바퀴 돌 때까지는 숨이 차고 힘들지만 예닐곱 바퀴가 되면 신기하게 숨이 차지도 않고 힘들다는 생각이 사라진다. 열 바퀴가 넘으면 더 돌 수 있겠다는 자신감과 함께 더 돌고 싶은 욕심이 생긴다.

결국 자신의 꿈을 이루고 성공을 거두는 사람들은 그 고비를 이겨낸 자들이다. 그리고 그들은 그 힘겨운 여정을 이겨내게 해준 조력자로 망설임 없이 책을 꼽는다. 지금 바로 서점에 달려가 보라. 여러분이 꿈을 이뤄 나가는 데 도움이 되고 싶다고 아우성치는 책들이 한가득 있다. 책과 친구가 되는 순간, 더 큰 배움의 문이 활짝 열릴 것이다.

7

꿈을
이루기 위해!

"공부를 꼭 해야 돼요?!"

"공부 못해도 잘살 수 있잖아요?!"

학생들은 나에게 이렇게 질문을 던졌다. 특히 시험 기간이 되면 이런 질문을 자주 했다. 질문이라기보다 공부가 성공하는 데 꼭 필요한 것은 아니지 않느냐는 자신의 주장을 던지는 것에 가까웠다. 그렇다! 이러한 상황이니, 학생들이 공부를 안 하는 것은 당연하다. 이 아이들에게 공부란 학교 성적과 관련된 것, 대학 입학이나 취업과 직결되는 것이다. 그러니 졸업만 하면 이 힘들고 지겨운 공부에서 벗어날 수 있으리라 꿈꾼다. 공부하는 순간을 즐기는 것이 아니라 그 시간을 빨리 지나가야 하는 고통스럽고 힘겨운 과정으로 생각한다.

"그럼 왜 공부하니?"

학생들의 답은 크게 다음 세 가지로 분류됐다.

첫 번째 부류: 그냥 잘살기 위해서 공부한다.
두 번째 부류: 남들이 다 하니까, 부모님이 졸업을 원하시니까 공
　　　　　　　부한다.
세 번째 부류: 자신이 원하는 대학에 가고 싶고, 좋은 곳에 취직해
　　　　　　　서 사회적으로 성공하기 위해서 공부한다.

첫 번째 부류의 학생들에게 '잘사는 것'이 무엇이냐고 물었다. 좋은 집, 비싼 차 그리고 비싼 브랜드의 옷을 사 입을 수 있을 정도로 돈을 많이 벌고 싶다고 했다. 돈을 벌면 얼른 부모로부터 독립하는 것이 목표라고 말하는 학생도 꽤 있었다.

두 번째 부류의 학생들은 부모님들이 "고등학교 졸업만 하면, 대학만 들어가면 하고 싶은 대로 마음껏 하고 살아라."라고 하신단다. 오

직 졸업을 목표로 학교에 꼬박꼬박 나올 뿐이다. 이 학생들에게 공부는 '졸업장을 따기 위한' 의무 과정일 뿐이다.

세 번째 부류의 학생들은 비교적 자신의 앞날에 계획이 있거나 나름대로 인생의 목표를 갖고 있는 학생이다. 또한 성취욕이 있어 경쟁에서 지지 않으려는 학생들이다.

결과적으로 대부분의 학생들은 왜 공부를 해야 하는지 진지하게 생각해 본 적이 없단다. 부모님과 선생님들의 강요에 의해서일 뿐, 본인이 필요에 의해 선택한 것이 아니다. 뭔가 이루고자 하는 내적 동기보다 부모의 바람과 무언의 압력, 사회적 요구와 필요 같은 외적동기에 의한 것이라고 생각하는 학생들이 많았다.

그래서 학생들은 늘 어떻게 하면 성적이 좀 더 잘 나올까? 어떻게 하면 점수가 더 잘 나올까? 어떻게 하면 등수가 높아질까? 등등 늘 '어떻게'만 신경을 쓰며 공부 잘하는 친구에게 방법을 묻고 심지어 선생님에게도 특별한 방법이 없는지 묻는다. 나도 시험 때가 되면 이런 질문을 받곤 했다. 그러나 그 질문은 '어떻게 공부를 해야 하느냐'보다는 '어떻게 하면 점수를 잘 받을 수 있느냐'에 가까웠다. 단시일 내에 쉽고 편하게 점수만 올릴 수 있는 어떤 비법만을 묻는 것이었다.

그러나 진정 자신에게 도움이 되는 질문을 하기 위해서는 '어떻게' 보다 '왜'가 선행되어야 할 것이다. 무엇을 위해 공부하는가? 스스로에게 물어보자. 왜 내가 이 길을 가고 있는지 안다는 것은 목적지를 알고 출발한다는 것이다. 길을 나서면서 목적지도 모른 채 출발하는 사람은 없을 것이다.

"왜 나는 지금 공부를 해야 하나?"
"무엇을 위해 지금 공부하고 있나?"

이 '왜why'에 대한 답을 갖고 시작하는 공부는 어쩔 수 없이 해야 하는 강제된 것이 아니라 스스로 선택한 것이 된다. 즉 내가 주체적으로 내린 선택이며 결정이 되는 것이다. 재미없는 일은 오래 하기 힘들고 자연히 효율적으로 할 수도 없다. 이유를 알고 시작하면 어쩔 수 없어서 하기 싫은 공부를 한다는 생각에서 벗어날 수 있다.

철학자 니체는 "왜 살아야 하는지 이유를 아는 사람은 어떤 어려움도 견뎌 낼 수 있다."고 했다. 마찬가지로 여러분들이 왜 공부해야 하는지 생각을 정리하면 공부하지 않을 이유가 없을 것이다.

그 질문에 대한 나만의 답을 갖게 되면 공부하기 위해서 포기해야 하는 것들, 할 수 없는 것들, 힘들고 고통스러운 것들을 견딜 수 있는 힘이 생긴다. 회의가 들고 포기하고 싶은 마음이 생길 때 다시 일어설 수 있는 힘을 얻을 수 있다. 공부하는 재미를 느끼고 오래 할 수 있다. 가장 중요한 것은 자신이 하고 있는 공부에 가치를 부여하게 되니 자존감을 높일 수 있다. 더불어 자신감이 상승되는 것이다. 당연히 공부를 더 잘하게 된다.

SAT, ACT 만점, 아이비리그 9개 대학 동시 합격 등 화려한 프로필로 세계를 놀라게 한 이형진은 『공부는 내 인생에 대한 예의다』에서 "공부는 '방법'의 문제가 아니라 '마음'의 문제다. 공부에 대한 마음가짐을 바로 가져야 공부할 의지가 생기며 그 의지를 동력 삼아 배움의 페달을 밟아나갈 수 있다."고 했다. 또 "공부는 꿈이 현실이 될 수 있도록 노력하는 것"이라고 강조했다.

공부는 이 세상에서 살아가는 데 필요한 삶의 기술과 지혜를 배우는 것이다. 사회에 나가면 무수히 많은 기회가 기다리고 있다. 지금 학교에서 하는 공부는 그 기회를 잡을 수 있는 도구를 준비하는 과정이다. 실력을 쌓아두지 않아 바로 내 앞에 놓인 기회조차 잡지 못한다면 얼마나 억울하겠는가.

지금 눈앞에 큰 물고기가 보이는데 내 손에 낚싯대도 그물도 없다면 어떨까? 큰 물고기가 유유히 사라지는 것을 그저 바라만 봐야 할 것이다. 지금 여러분은 낚싯대를 만들고 낚시 바늘을 갈고 있는 중이다. 낚시를 하려면 어떤 미끼를 끼워야 내가 원하는 고기를 잡을 수 있는지도 배워야 한다. 어떤 날씨, 어떤 시간대에 가야 고기를 많이 잡을 수 있는지 등 배울 것이 얼마나 많은가. 낚시를 가더라도 아무 준비 없이 무턱대고 가는 사람과 사전 정보를 미리 꿰차고 가는 사람의 수확물은 다를 것이다. 하물며 사회라는 험난한 바다로 나아가야 하는데 어떻게 아무 준비 없이 나갈 수 있겠는가.

준비를 하지 않아 내 앞에 놓인 좋은 기회, 성공할 수 있는 기회를 놓쳐버린다면 얼마나 아쉽고 억울하겠는가. 하고 싶고, 이루고 싶고, 갖고 싶은 모든 것을 우리는 '꿈'이라고 한다. 수많은 물고기들이 바닷속을 유유히 돌아다니고 있는 것처럼 꿈도 우리 주위에서 돌아다니고 있다. 누구라도 꿈을 잡을 수 있다. 그렇다고 모든 사람들이 자신의 꿈을 이루는 것은 아니다. 그 이유는 무엇일까? 궁금하지 않은가.

궁금하다면, 나는 왜 공부하는지 그 답을 찾는 시간을 가져보자.

시작하기에 늦은 때란 없다. 조용한 시간 차분한 마음으로 앉아 스스로에게 물어보자.

"나는 무엇을 위해 공부하는가?"

의지만 있으면, 안 되는 일은 없어요!

　창석이는 순한 인상의 아이다. 그런데 소극적일 것 같은 인상과는 다르게 종일 쉴 새 없이 말을 한다. 한 달에 한 번 짝을 바꾸어 주는데 창석이와 짝이 된 여학생들은 하루 이틀이 지나면 도저히 시끄러워서 견딜 수가 없다며 짝을 바꾸어 달라고 애원을 할 정도다. 수업시간뿐 아니라 조종례시간도 마찬가지였다.

　그날도 종례를 하고 있는데 옆에 짝이 들어주지 않으니 뒤를 돌아보며 다른 남학생과 이야기를 했다. 종례가 끝난 후 창석이와 함께 이야기를 나누었다. 먼저 왜 그렇게 쉴 새 없이 말을 해야 하는지 이유를 생각해 보자고 했다. 스스로 내린 결론은 공부를 아주 잘하는 형에게만 관심을 쏟고 자신에게는 관심을 기울이지 않는 부모님과 대화가 거의 없다는 이유였다. 노력이 부족하다며 채근하다 지친 부모님들은 자신에게 실망해서 더 이상 아무 말도 하지 않으셨다고 한다. 그래서 집에 가면 부모님은 물론 형과도 거의 말을 하지 않았다. 그 결과 학교에만 오면 그 누구든 말을 하고 싶은 것 같다고 말했다. 아마도 가족과 대화하고 싶은 욕구가 채워지지 않아서 학교에서 표출이 되는 듯했다.

창석이는 어떻게 해서든지 형을 한 번이라도 이겨보고 싶지만 자신의 머리로는 안 될 거라고 했다. 단 한 번이라도 이겨보고 싶다면 형이 하는 만큼이라도 노력해 보았느냐고 물으니 그렇게 한 적은 없단다. 자신에게는 공부 머리가 없다고 한다. 열심히 해 본 적도 없으면서 자신에게 공부 머리가 있는지 없는지 어떻게 아느냐고 물었다. 당연히 대답을 하지 못한다.

일단 당장 할 수 있는 과목부터 해 보자고 창석이에게 권했다. 창석이는 운동을 좋아했고 마침 체육 과목의 기말고사 시험 범위가 축구와 탁구에 관한 것이어서 조금만 외우면 될 듯했다. 체육만큼은 100점을 받아 보자고 계획을 세웠다.

그 후에도 여전히 주위 아이들과 자주 떠들었지만, 작은 목표를 하나 세운 뒤로는 자습시간에 공부하는 모습도 보여 주었다. 그리고 기말고사가 다가올 즈음에는 체육 시험 범위에 해당하는 내용을 요약해서 외우기 시작했다.

그렇게 맞이한 기말고사. 체육 시험이 끝나자 바로 채점을 해 본 창석이는 애석하게 한 문제 틀렸지만 100점이나 다름없다며 너무나 좋아했다. 자신이 노력해서 거둔 성과라 자신감을 얻은 것이다. 무엇보다 이제 나도 하면 된다는 사실을 깨달은 것이 가장 커다란 성과였다.

2학기 때 창석이 어머님과 상담을 하게 되었다. 전에는 창석이가 수다를 자제하지 못한다는 사실에 낙담이 컸었는데 요즘 아들의 변화에 마음이 놓이고 믿음도 간다며 감사의 마음을 전해 오셨다. 그러면서 놀라운 고백을 하셨다. 부모님이 창석이에게 차갑게 대한 까닭은 노력을 하지 않는 아들이 좀 바뀌어야 한다는 생각에서 일부러 그렇게 하셨다는 말씀이었다. 일종의 충격요법이었다. 그런데 그것이 학교에서 다른 부작용으로 나타날 줄은 몰랐다고 하셨다. 그 방법은 효과적이지 않으며 절대 그래서는 안 된다 당부하고, 창석이에게 늘 관심을 가지고 조금만 노력해도 늘 격려해 달라고 부탁드렸다.

창석이는 서서히 공부습관을 들인 결과 체육은 물론 다른 과목들도 점점 성적이 향상되었다. 고등학교에 가서도 중학교 때 습관대로 열심히 해 나가니 공부가 지겹거나 힘들다는 생각은 들지 않는다고 한다. 한 학년 위인 형보다 성적이 높게 나오는 경우도 있어 이제 공부가 재미있다고 자랑하는 모습이 대견했다.

66

비관론자는 모든 기회에서 어려움을 찾아내고,
낙관론자는 모든 어려움에서 기회를 찾아낸다.

– 윈스턴 처칠

99

3부

내게 맞는 진로를
디자인하라

잘하는 것을 찾아 지금 시작하라

준비 기간 2년, 촬영 기간 10개월 등 장장 3년의 시간을 쏟아부은 초대형 프로젝트. 국내 최초로 1, 2편이 동시에 기획되고 촬영까지 이루어진 대한민국 영화사에 길이 남을 도전. 그리고 2017년 12월 개봉될 예정인 영화. 그 제목은?

바로 〈신과 함께〉다.

네이버 웹툰에서 주호민 작가가 연재한 〈신과 함께〉는, 우리가 몰랐던 우리 고유의 저승 신화를 촘촘한 구성으로 풀어낸 작품이다. 곳곳에 숨어 있는 복선, 시원시원한 액션, 현실을 날카롭게 꿰뚫는 풍자를 잘 버무려 냈다는 평가를 받아 왔다. 이 작품은 국내에서 단행본으로 출간되어 15만 부 이상 판매되었으며 일본에 판권을 수출하기도 했다. 또 〈신과 함께 – 저승 편〉은 2010년 독자만화대상 온라인 만화 상과 2011년 부천만화대상 우수이야기 만화상, 대한민국 콘텐츠어워 드 만화대상 대통령상, 독자만화대상 대상을 수상했으며, 한국만화 명작 100선에 선정되기도 했다.

주호민 작가는 군 복무 이전 취미 삼아 그린 만화를 삼류만화패밀 리라는 웹사이트에 올렸었다. 군 복무를 마친 2005년에 자신의 군 생 활을 바탕으로 한 〈짬〉을 연재하기 시작하면서 만화가로서 주목받기 시작했다. 그리고 대한민국 최고 인기 웹툰 작가라는 지금의 위치에 이르렀다.

민수는 학교에 오면 가방에서 제일 먼저 꺼내는 것이 있다. 바로 연습장이다. 자기의 보물 1호라고 했다. 시간이 지나 민수와 친근해 졌을 때 민수가 보여준 그 공책에는 만화 캐릭터들로 가득했다. 만화 를 즐기지 않는 내가 봐도 제법 잘 그린 듯했다. 언제부터 그랬느냐고 물으니 초등학교 6학년 2학기부터라고 했다. 1년 남짓한 기간에 여러 권의 공책을 채웠다. 쉬는 시간에도 만화 그리기에만 집중한 나머지 친구관계가 소원해지긴 했지만 그림 실력은 향상되었다. 급우들도 민수가 그린 그림을 보며 잘 그렸다고 칭찬을 해 줬다. 민수는 꼭 만화가가 되겠다는 계획을 세운 건 아니었지만, 만화를 그릴 때 가장 재미있어 하고 최고로 집중하는 모습을 보였다. 나는 그런 민수에게 만화 관련 쪽으로 진로를 권했다.

내가 제일 잘하는 것은 무엇인가?

꼭 해 보고 싶은 것은 무엇인가?

다른 사람들이 잘한다며 칭찬해준 것은 무엇인가?

내가 가진 재능 중에 다른 사람들을 즐겁게 해 줄 수 있는 것은 무엇인가?

지금은 젊은이들도 자신의 경험과 지식을 다른 사람과 적극적으로 공유할 수 있는 시대다. 자신의 경험을 활용하여 타인에게 지식과 즐거움은 전달하고 이를 '일거리'로 만들 수도 있다. 다수가 가는 길을 꼭 따라야 한다는 사회적 압박도 예전만큼 강하지 않다. 빨리 수입을 창출해 집안에 보탬이 되어야 한다는 경제적 부담이 적은 신세대들의 경우, 자신만의 길을 가기가 예전보다 쉬워졌다. 그러나 의외로 주저하는 젊은이들이 많다. 일에 대한 열정과 자신감, 용기가 아직도 부족하기 때문이다.

1980년대만 해도 만화책에 대한 평가는 호의적이지 않았다. 만화방은 공부와는 거리가 먼 아이들이 가는 곳이라는 사회적 인식과, 자극적인 내용에 바로 노출되는 것에 대한 우려 등으로 자녀들에게 만화방 출입을 엄격히 금하는 부모님들이 많았다.

이러한 저변의 인식을 바꾸는 계기가 있었다. 바로 1987년에 출간된 『먼나라 이웃나라』였다. 만화가 학습에 좋은 도구가 된다는 인식을 확산시켰고 이후 다양한 학습만화의 출간이 이어졌다. 만화를 향한 부모들의 생각 또한 긍정적으로 바뀌어 갔다.

최근 '정민석 해부학 교수가 그린 학습만화, 세계 최초로 국제 학술지에 게재돼 눈길'(경기일보 2017년 5월 16일자)이라는 기사 하나가 눈길을 끌었다. 아주대 의대 정민석 교수가 그린 해부학 학습만화가 전공 대학생뿐만 아니라 청소년에게도 이롭다는 내용의 논문이 과학인용색인 확장SCIE 학술지 '해부과학교육Anatomical Sciences Education' 2017년 2월호에 실렸다는 내용이었다.

이렇듯 만화의 쓰임은 더욱더 확장되고 있다. 학습 분야뿐만 아니라 영화나 캐릭터 상품의 원천 소스가 되어 또 다른 수익을 창출하고 있다. 또한 한류 열풍에서도 제몫을 다하면서, 만화가는 인기 직업으로 떠오르고 있다.

예전에는 사회에서 인정을 받지 못하고, 별 인기가 없었던 직업도 시대가 변함에 따라 얼마든지 인기 직종으로 부상할 수 있다. 비단 만화가뿐인가. 스타 셰프chef들이 방송을 장악하면서, 고되고 불안정한 직업이라는 '요리사'가 단숨에 젊은이들 사이에서 인기를 끌고 있다. 그렇다면 인기 만화가처럼, 스타 셰프처럼 성공적인 삶을 거머쥐기 위해 여러분은 어떠한 노력을 해야만 할까?

주호민 작가는 팟캐스트 '학부모를 위한 진로레시피' 방송에서 만화가가 되고 싶어 하는 학생들을 위해 여러 가지 조언을 해 주었다. "어떻게 하면 만화가가 될 수 있나?"라는 문의가 많이 오는데 그럴 때는 만화를 조금이라도 그려서 보내 보라고 한다. 그런데 이제까지 그려서 보낸 사람이 단 한 명도 없었다면서 "일단 시작해 보라, 즉 일단 그려 보라."라고 강조한다.

그가 전하는 핵심 메시지는 다음과 같다.

"일단 그리되 단순한 연습이 아니라 인생 역작이라고 생각하고 최선을 다해서 끝까지 한 작품을 완성하라. 그리고 포털 사이트의 도전만화에 연재해 본다. 실력을 인정받을 수 있는 아주 좋은 곳이기 때문이다. 인기가 올라가면 담당자의 눈에 띄고 출판사에서 출판 제의가 들어올 수도 있다. 콘텐츠진흥원의 공모전 등에도 응모해 보라. 지금은 만화를 보는 사람의 90퍼센트 이상이 스마트폰으로 보기 때문에 스마트폰에서 어떻게 보이는지도 확인하는 것이 좋다. 만화가는 그림만 잘 그리면 된다고 알고 있는 학생이 많은데 만화에는 스토리가 있어야 한다. 사람 사는 세상의 슬픔, 기쁨, 사랑, 분노 등의 감정을 잘 표현하려면 인간에 대한 깊은 이해가 선행되어야 한다. 그래서 역사, 심리, 철학 등 다방면의 책을 많이 읽고 다양한 콘텐츠를 접해 보라. 만화가가 되겠다고 만화만 많이 본다면 그 만화에 나오는 캐릭터들을 모방하는 실수를 범할 수 있으므로 영화, 텔레비전, 연극 등 다양한 콘텐츠를 접해 보라."

결국 좋은 만화가가 되기 위해서는 늘 주위에 관심을 기울이고 주위 사람들을 따뜻한 시선으로 바라봐야 한다는 이야기다. 만화가는 그림을 잘 그리는 것 못지않게 스토리 전개 실력도 있어야 작품의 완성도가 높아지기 때문에 다양한 방면의 독서와 공부, 사색은 기본이다.

주호민 작가의 메시지에 그 해답이 있다. 비단 만화가뿐이겠는가. 그 어떤 일이든 도전하고 싶다면 실행이 필요하고 노력이 수반되어야 한다. 아무런 시도조차 하지 않는데 어떻게 경력을 쌓고 이름을 알려나갈 수 있겠는가.

만화가가 꿈이라고? 그렇다면 지금 당장 연습장을 펴고 만화를 그려 보자. 가수가 꿈이라고? 당장 노래 한 곡을 붙들고 연습하자. 청소년기부터 매일매일 그렇게 노력해 나간다면, 10년 후 성인이 되어 시작하는 이들과의 실력 차이는 불 보듯 뻔한 일이 아닐까?

2

다수의 답이
정답은 아니다

"경숙아, 이건 어때? 이거 딱 너 스타일인 것 같은데!"

경숙이는 마음이 흔들린다. 자신은 지금 손에 들고 있는 흰색 블라우스에 마음이 더 끌리는데 옷을 잘 입기로 소문난 애경이가 이렇게 말을 하니 거절할 엄두가 나지 않는다.

"그래? 그럼 그걸로 할까?"

얼떨결에 애경이 손에 들려 있었던 파란색 블라우스를 사 들고 옷가게를 나온다. 그러나 경숙은 예쁜 옷을 하나 장만했다는 마음에 기분에 좋아야 할 텐데 뭔가 찜찜하다. 그리고 집에 와서 입어 보니 후회가 밀려온다.

'그냥 내가 고른 옷을 살걸…'

　누구나 이런 경험이 있을 것이다. 친구는 물론이요, 엄마와 함께 갔을 때는 엄마가 권해 주는 것을 마지못해 사게 되는 경우도 있다. 뭘 골라야 할지 망설여질 때 판매원이 다가와 '요즘 잘나가는 것'이라며 추천해 주면 순간 '이 상품이 요즘 유행하는 것이로구나. 이걸 사면 실패는 없겠다.' 하는 생각이 슬며시 든다. 이미 검증이 된 옷이니 최소한 유행에 뒤지는 아이템은 아닐 것이라는 결론을 내리고 결국 그 옷을 사게 된다. 그러나 집에 와서 입어 보면 '내 스타일'이 아니다. 교환하러 갈 시간이 없다. 결국 이렇게 산 옷은 옷장 속에서 영원히 잠들게 된다.

　사람들은 옷 하나 사는 일도 누가 권해 주거나 이미 증명이 된 사실대로 해야 안심을 한다. 비단, 옷 하나 고르는 일뿐이겠는가. 그 무엇이든 선택의 순간이 올 때, 자신을 향한 믿음보다는 타인의 조언을 따라야 덜 불안해한다. 그래서 많은 이들이 이미 누군가 만들어 놓은 길을 따라갈 수 있는 능력을 기르기 위해 온갖 노력을 기울인다.

　미래사회에서는 획일적인 정답이 요구되지 않는다. 더구나 다수의 결정이 정답이 되는 시대는 이미 저물고 있다. 20세기를 산 사람들은 어릴 때부터 부모에게 거의 공식과도 같은 말을 들으며 자랐다.

"공부 잘해서 일류 대학에 들어가거라."

남부럽지 않게 잘살고 부와 명예, 권력을 얻기 위해서는 가야 할 길이 정해져 있었다. 중고등학교에서 열심히 공부해서 일류대학에 들어가 대기업에 취직하거나 고시를 패스해서 고위 공직자가 되는 것이었다. 지금까지도 인기가 높은 의사나 판검사도 예외는 아니었다. 대입 시험은 성공적인 삶을 위한 유일한 잣대이자 무조건적인 통과의례였다. 그 자격시험에서 좋은 점수를 얻은 사람들만이 부와 풍요를 누릴 수 있었다.

경영의 구루guru 피터 드러커Peter Drucker는 이렇게 학교에서 배운 지식을 활용해 보수를 받는 이들을 '지식근로자'라 명명하였다. 이러한 좌뇌형 인간들이 만들어 낸 물질적 풍요가 이제는 우뇌적 감수성을 요구하는 시대를 불러왔다.

기술이 발달하고 생산성이 높아진 덕분에 우리가 어릴 때는 구경조차 못 했던 물질들이 흘러넘치고 누구나 쉽게 구할 수 있다. 이제 사람들은 흔해빠진 물질이 갖고 있는 합리적 가격이나 기능만으로는 만족하지 않는다.

풍요의 시대에는 어떤 제품이 경쟁력을 가질 수 있는지, 앨빈 토플러 이후 최고의 미래학자로 평가받는 다니엘 핑크는 『새로운 미래가 온다』에서 다음과 같이 설명하고 있다.

"풍요의 시대에 이성적이고 논리적이며 기능적인 면에 호소하는 것만으로는 충분하지 않다. 그것이 시각적 혹은 정신적인 만족감을 주지 못한다면 사람들로부터 냉대를 면할 수 없게 됐다. 너무나도 많은 대체 상품들이 있기 때문이다. 디자인, 감정이입, 유희와 같은 소프트한 특성, 그 신비한 힘은 해당제품을 차별화하는 주요한 경쟁력으로 작용하고 있다. 우리는 물질적 풍요를 넘어서 일상생활의 '아름다움'과 '삶의 가치'를 돌아보게 되었다."

요즘 우리나라에서 요가나 명상의 인기가 높은 것도 이 사실을 증명해 준다. 생존경쟁으로부터 자유로워진 사람들은 본질적인 의미에서 자신의 존재를 확인하고자 한다. 식을 줄 모르는 인문학 열풍이 이에 근거를 두고 있다. 사람들이 원하는 것은 다수를 위한 상품이 아니다. 오로지 자신만을 위해 만든 듯한 물건을 찾는다. 이제 정답은 없다. 창의적이고 독특한 아이디어와 이를 현실화시키고 실행에 옮기는 순발력이 21세기를 살아가는 데 있어, 최고의 능력으로 대접을 받는 상황이다.

이에 따라 육체노동에 전문성과 부가가치를 가미한 새로운 직업이 등장하고 있다. 이를 브라운 칼라라고 하는데, 김난도 교수의 『내일』에서 상세한 설명을 볼 수 있다.

"다양화 시대에 접어들면서 사람들의 직업가치관이 많이 바뀌고 있다. 이런 변화를 잘 반영하는 것 중에 한 예가 브라운칼라의 등장이다. 이제까지 대부분의 사람들은 육체노동을 하찮거나 열등한 것으로 생각하고 외면하는 와중에 이런 직업에 새로운 가치를 부여하고 있는 사람들이 나타나고 있다. 직업에 대한 편견을 깨고 도전하는 것이다."

많은 학생들은 높은 임금과 안정성을 이유로 여전히 지식근로자를 위한 사무직을 선호한다. 그러나 경제 위기 이후로 화이트칼라에 감원 바람이 불게 되고 정년도 보장되지 않는 등 불안한 움직임이 일고 있다. 이에 비해 육체노동을 주로 하는 블루칼라 계층에는 작업환경도 개선되고 임금도 상승되었으며 복지도 많이 개선된 상황이다.

브라운 칼라의 예를 들어보자. 서울 북촌과 서촌, 인사동과 광화문 일대를 운행하는 인력거 업체 '아띠 인력거'가 있다. 방콕, 캄보디아 등 동남아 유명관광지에서 볼 수 있는 인력거는 그 지역에서는 사회적 신분이 낮거나 저소득층 사람이 생계를 위해 하는 힘든 일이다. 그런데 인력거가 우리나라에서도 훌륭한 관광 상품이 될 수 있다는 생각으로 사업을 시작한 사람이 바로, 미국 웨슬리안 대학을 졸업한 이인재 씨다.

그는 한국에 돌아와 유명 증권회사에서 근무했지만 일에서 성취감을 느끼지 못했다. 그때 대학 시절 보스턴에서 인력거 아르바이트를 한 기억을 떠올렸고 한국에는 전문적으로 인력거를 끄는 사람이 없다는 사실에 주목했다. 대부분의 사람들이 기피하는 일에 기회가 있다는 생각에 타인의 시선이나 사회적 통념에 개의치 않고 용기를 내서 이 일을 시작했다.

마음이 가야 몸이 따라 움직인다. 그는 마음이 가는 일을 해야 한다고 강조한다. 이인재 씨가 이 일을 처음 시작했을 때는 유학까지 다녀와서 왜 몸 쓰는 일을 하느냐, 한국에선 안 통한다는 비웃음과 고정관념에 맞서야 했다. 포기하지 않고 혼신의 힘을 다한 결과 드디어 2013년 창조관광기업 공모전에서 수상을 수상했고 2015년에는 아띠 인력거가 문화관광부가 인증하는 국내 대표 창조관광기업으로 선정됐다. 남들이 가지 않는 길, 발상의 전환 하나로 성공한 기업가의 반열에 들어선 것이다.

남들이 골라 주는 옷을 사면 그 당시에는 안심하지만, 나중에 돌아보면 조금이라도 반드시 후회가 따르기 마련이다. 대다수의 사람들이 '맞다'고 인정한 답이 내 인생에도 정답으로 적용되지는 않는다. 그 사람이 성공한 시대와 일과 상황이 다르고 심지어 사람이 다르지 않은가. 매순간 세상과 나 자신은 변한다. 그러니 내 인생의 정답은 스스로 찾아야 한다.

3

취미도
직업이 될 수 있다

어렸을 때부터 홀로 기타를 익히고 전자기타의 매력에 푹 빠져, 자신의 우상 조 새트리아니Joe Satriani의 곡을 죽어라 연습했던 한 남학생이 있었다. 이 학생이 청년이 됐을 때 세계적인 기타리스트 조 새트리아니와 미국에서 협연을 하게 되는, 꿈같은 일이 벌어졌다.

어떻게 이런 일이 가능했을까?

주인공은 유튜브에 기타로 연주한 〈캐논〉을 올려 유명해진, 임정현 군이다. 그는 꿈이 현실이 되어 가는 과정을 『네 앞의 세상을 연주하라(유튜브 스타 임정현의 스무 살 변주곡)』에 고스란히 담았다. 어릴 때부터 열심히 해 왔던 기타 연습이, 세계적인 음악가와의 협연이라는 꿈을 이루게 하고, 많은 이들에게 희망과 용기를 주는 기회까지 만들어 준 것이다.

그는 중고등학교 때 공부보다 기타 연주와 밴드 활동에 더 열심이었다. 뉴질랜드로 유학을 가서도 음악 수업만큼은 집중했다. 하지만 대학에 들어가서는 무엇을 하고 싶은지 갈피를 못 잡고 방황을 하기도 한다. 그러던 중 인터넷으로 제리 창Jerry Chang이라는 대만의 기타리스트가 자기 방에서 스스로 편곡한 〈캐논〉을 연주하는 영상을 보게 된다. 이에 깊은 인상을 받은 임 군은 바로 〈캐논〉의 악보와 반주 파일을 다운로드 해 연습에 돌입했다. 2, 3주 연습을 하고 나니 제법 괜찮은 듯 느껴졌다. 하지만 자신의 연주를 들어 줄 사람을 찾기가 마땅치 않았다. 결국 자신의 연주 모습을 동영상으로 만들어 한국음악 포털 사이트인 뮬에 올리고 평가를 기다렸다(2005년). 반응이 나쁘지 않았다. 이후 휴학을 하고 친구들과 밴드 활동을 재개해서 계속 음악 활동을 이어 갔다.

다시 복학하여 공부를 하던 중 미국에 있는 친구로부터 자신의 동영상을 〈뉴욕타임즈〉 기자 한 사람이 그의 블로그에 소개했다는 말을 듣게 된다. 그런데 연주자가 12살 인도네시아계 미국인으로 소개되어 있었다. 임정현은 잘못된 사실을 바로잡기 위해 바로 이메일을 보냈고 정식 주인공으로서 인터뷰에 응하게 된다. 이후 미국 ABC 방송국 '굿모닝 아메리카'에 동영상이 소개되고 우리나라 언론에서도 인터뷰 요청이 쏟아졌다. 하루아침에 유명인사가 된 것이다. 이후 주미 한국대사관 소속의 코러스 하우스에서 주최하는 〈코러스 페스티벌〉에 참가 요청을 받았고 드디어 존경해 마지않는 조 새트리아니와 협연하는, 일생일대의 기회가 주어졌다. 갑자기 유명해져서 얼떨떨했지만 이 일이 자신이 앞으로 나아가야 할 방향과 가능성을 알려주었다고 그는 설명한다.

그는 자신에게 일어난 일들에 대해 다음과 같이 말했다. "그 시절 아무도 인정해주지 않았는데도 기타 연습을 포기하지 않았던 것에 대해서 솔직히 제가 대견합니다. 그것으로 성공을 했건 안 했건 제 인생에서 큰 즐거움이 되어 주었고 점점 기타 실력이 향상되는 것을 보며 나도 열심히 하면 무엇이든 이룰 수 있다는 자신감을 주었으니까요. 아마 그때 그냥 포기했다면 지금의 제가 없었을지 모릅니다."

2017년 3월 5일 YTN에서 '오클랜드 록 차트 정상 석권한 기타리스트 임정현'이라는 뉴스가 보도되었다. 뉴스에 따르면 유명세를 치른 이후 세상의 관심이 두려웠던 청년은 돌연 음악을 접고, 오랜 시간 다른 길을 걸었다. 그러나 세월이 지나면서 진짜로 원하는 것, 평생 하고 싶은 것은 전공이나 또 다른 것이 아니라 음악이라는 생각이 점점 강해졌고 20대 후반 다시 음악을 시작했다고 한다. 그리고 열정적으로 매진한 끝에 전 세계 '차세대 기타 아이돌 25인'에 이름을 올리며 음악성을 인정받고 있다. 올해 초(2017년)에는 한국의 한 게임 회사와 계약을 맺고 삽입곡 작업을 시작했다.

얼마 전 지인이 SNS로 카페 사진 몇 장과 홈페이지 주소를 보내왔다. 딸이 제주도에 내려가 아주 허름한 농가 하나를 빌려서 카페를 열었다는 소식이었다. 소위 명문대를 졸업하고 유명 등산복 회사의 디자인실에서 근무하던 재원(才媛 : 재주가 뛰어난 젊은 여자)이었다. 그런데 어느 날 모든 것을 정리하고 이곳으로 내려갔다는 것이다. 이후 멋진 사업 계획서를 작성해서 부모님 앞에서 PPT로 사업 설명을 했다고 한다. 사후 승낙을 받으러 온 것이다. 그 설명을 듣고 아버지는 바로 지원군으로 돌아섰지만 본인은 아직도 딸이 왜 사서 고생을 하려고 하는지 모르겠다며 속상해했다. 반면 함께 이 이야기를 듣던 사람들은 그렇게 과감히 결단을 내릴 수 있는 젊음을 부러워하며 도전 정신에 박수를 보내고 응원도 해 주었다.

좋은 직장 구하는 것을 목표로 진학이나 취업을 준비하고 있는 사람들이 들으면 이해가 되지 않을 수도 있다. 취업을 위해 하루 종일 도서관에서 보내는 취업고시생들에게는 약 올리는 말처럼 들릴 수도 있다. 다만 그 친구는 큰돈이 필요한 것도 아니고 본인이 좋아하는 곳에서 경험을 쌓을 수 있는 절호의 기회라는 생각이 들어 망설임 없이 결정했을 뿐이다. 평상시 커피와 제주도에 관심이 많아 나름대로 커피를 배우고, 제주도로 출장을 갈 때마다 유심히 살폈다고 한다. 그곳에 먼저 정착한 사람들에게 정보와 도움을 얻어 새 출발을 할 힘 또한 얻었다.

고용시장의 불안을 이유로 취업공부와 공무원 시험에만 매달리는 학생들이 증가하고 있다. 대학이 마치 취업준비 학원 같다고 말하는 대학생이 많다. 현실적으로 대학에 입학해도 전공에 몰두하기보다 졸업할 때까지 어떤 직장에 취직해야 할 것인지 노심초사하고 촉각을 곤두세우는 학생이 적지 않다.

물론 빨리 일자리를 구하는 것은 여러 가지 면에서 유리하다. 경제적인 측면에서도 유리하고 이제까지 물심양면으로 지원해주신 부모님께도 효도할 수 있고 친구들에게도 부러움의 대상이 된다. 하지만 그렇게 취업을 한다 해도 1년이 되지 않아 자신의 기대나 적성과 맞지 않아 많은 이들이 퇴사를 한다. 그렇게 다시 취업에 매달리며 이직을 반복하는 사이 자신의 꿈과는 점점 더 멀어지고 만다. 자신의 흥미와 관심, 꿈은 고려하지 않은 채 주변의 시선이나 기대, 친구들과의 경쟁의식, 부모님의 기대 등에 떠밀려 빨리 일자리를 얻는다고 해서 좋아할 일만은 아닌 것이다.

나무보다 숲을 먼저 보라. '빨리 일단 취업부터 해야 한다.'는 생각과 전략이 자신에게 맞는지 끊임없이 묻고 답하라. 뚜렷한 목표와 꿈이 있는 사람은 취업에만 매달리지 않는다. 어릴 때부터 갖고 있었던 관심사나 평소 즐기는 취미도 현대사회에서는 훌륭한 직업으로 거듭날 수 있다. 조급하게 취업만을 목표로 공부하기 전에 내가 좋아하고 잘하는 것을 찾아 실력을 쌓아보자. 내가 갖고 있는 나만의 무기는 무엇이며 제대로 쓸 준비가 되었는지 확인하고 출발할 수 있는 여유를 갖게 될 것이다.

4

도전을
망설이지 마라

"젊은 나이에는 계획을 세우지 마세요. 세상은 너무 복잡하고 빨리 변해서 절대 예상대로 되지 않습니다. 대신 뭔가 새로운 것을 배우고 시도해 보세요. 실수는 필연적이겠지요. 하지만 어리석은 실수를 반복하지 않고, 멋진 실수를 통해 배울 수 있다면 실수가 자산으로 남을 것입니다."

이 말은 『새로운 미래가 온다』의 저자이자 세계적인 미래학자 다니엘 핑크Daniel Pink가 융복합 국제 컨퍼런스에서 한 말이다.

'작심삼일'이라는 속담이 있다. 새해가 되면 우리는 많은 결심을 한다. 그러나 그 결심대로 실행에 옮기며 도전을 지속하는 사람은 몇 명이나 될까? 작은 도전과 성취가 쌓여 큰 도전을 해 볼 수 있는 용기가 생기는 것이다.

사람들은 "언젠가는 할 거예요."라는 말을 자주 한다. 그러나 인간의 행동과 생각의 연관관계를 연구하는 심리학자들은 72시간 이내에 실행에 옮기지 않는 행동은 실현될 가능성이 없다고 말한다.

생각만으로는 어떤 것도 이루어지지 않는다. 그림을 잘 그리고 싶다는 생각만으로 그림을 잘 그릴 수 있겠는가. 도전해야 한다. 결심을 실행에 옮기는 것이 도전이다. 생각으로 끝내는 것은 도전이라 할 수 없다. 그리고 이런 도전은 반드시 결과가 나올 때까지 끈질기게 이어져야 한다. 미래 언젠가 여건이 되면, 돈이 마련되면, 좀 여유가 생기면, 시간이 나면… 이렇게 조건이 늘어날수록 도전의 기회는 줄어든다. 미루고 우물쭈물하다가는 아무것도 시작하지 못한다.

"비행기 사고가 났을 때 생과 사를 가르는 것은 순간의 선택이다. 사고 수습 경험이 많은 응급요원의 말을 들어 보면 단 몇 초의 머뭇거림이 삶과 죽음을 가른다고 한다. 1983년부터 2000년까지 미국에서 일어난 비행기 사고를 분석해 보니 사고를 당한 사람은 모두 5만 3,417명이었는데 생존자는 5만 1,207명, 사망자는 2,210명이었다. 생존율이 무려 95.7퍼센트였다. 연구진은 생존자와 사망자의 차이를 분석했는데 연구결과 생사는 단 90초 만에 갈렸다. 생존의 가장 큰 걸림돌은 잘못된 행동이 아니었다. 생존할 수 있는 사람들 중 80퍼센트가 우물쭈물하다가 죽고 말았다."

이는 선택의 순간에 망설이지 않고 재빨리 결정하는 결정력이 얼마나 중요하지 보여 주는 예로 『빅픽처를 그려라』에서 소개된 내용이다.

생사의 갈림길에서도 이렇게 망설이는데 일상생활에서는 어떻겠는가. 당장 눈앞에서 결과가 드러나지 않거나 생명에 큰 지장을 초래하지 않는 한 곧바로 실행에 옮기는 것을 망설이는 경우가 많다. 망설이고 미루는 이유는 자신감이 없기 때문이다. 해도 될까 안 될까 실패에 대한 두려움은 우리가 뭔가를 시작하는데 걸림돌이 된다. '어차피 잘되지 않을 텐데…' 하며 그냥 하던 대로 한다. 그 결과 더 이상의 발전은 없다. 그 자리에서 머무르게 된다.

과감하게 도전하여 성공을 이룬 사람 중 하나로, 10년간의 직장생활 후 서른아홉 살 나이에 창업하여 대성공을 거둔 미래에셋 박현주 회장을 들 수 있다. 지금은 쉽게 볼 수 있는 주식형 펀드 및 채권형 뮤

추얼펀드를 국내 최초로 도입했고 국내 자산운용사 가운데 처음으로 해외시장에 진출했다. 대학교 2학년, 경영학과 수업에서 "자본시장의 발전 없이 자본주의는 발전할 수 없다."는 말을 접하게 되고 두 가지의 연결고리가 주식이라는 말을 접하게 된 이후 관련 공부에 푹 빠진다. 그는 어머니가 돈 관리를 위해 한꺼번에 보내 준 1년 치 생활비로 과감하게 주식투자를 시작한다. 졸업 후 박 회장은 지인들의 취업 제안을 거절하고 당대 최고의 증권스타를 찾아간다. 문전박대를 당하면서도 세 번을 더 찾아가 결국 입사를 허락받는다. 당시 그가 회사에 요구한 조건은 증권스타였던 그 간부와 정면으로 마주하는 자리에 앉게 해달라는 것이었다. 박현주 회장은 그곳에서 실력을 인정받아 석 달 만에 대리로 승진했고, 이후 승승장구하게 된다.

그가 1987년 처음 증권회사에 입사할 때만 해도 증권사 직원의 위상은 높지 않았다. 단자회사나 종합금융회사의 월급이 85만 원 선이었고 고졸 여직원의 급여는 4, 50만 원이었지만 증권사는 겨우 12만 원 정도였다. 이처럼 증권사에 대한 인식이 좋지 않았음에도 그 길을 택한 까닭은 '하고 싶은 일을 하기 위해서'였다. 대학 시절 우량주에 장기투자를 하면 반드시 좋은 결과를 얻을 수 있다는 사실을 배우고 부단히 노력한 결과 오늘의 미래에셋이 완성되었다.

박현주 회장이 첫 직장에 입사했을 당시, 인기가 높았던 단자회사나 종합금융회사 중에 살아남은 곳은 거의 없다. 현재는 안정적인 직장, 직업이라 해도 미래에도 그 위상이 유지될 거라는 보장은 없다. 그는 저서 『돈은 아름다운 꽃이다』에서 "자신의 꿈에 맞는 직업을 선택해야 한다."고 강조하고 있다. 더불어 무모해 보일지 모르지만, 꿈을 이루기 위해서라면 과감히 뛰어들 수 있는 용기와 실행력이 그가 우리에게 전하는 '성공을 위한 메시지'다.

얼마나 도전을 했는지 스스로를 돌아보자. 학기 초 첫 시간에 학생들에게 영어 공책 앞면에 올해의 목표를 적어보라고 했다. 영어에 관련된 것이 아니어도 한 해 동안 자신이 해내고 싶은 것을 5개 적어보라고 했다. 그러면 여기저기서 다섯 가지는 너무 많다고 아우성을 친다. 어떻게 우리가 다섯 개씩이나 해 볼 수 있느냐, 매일 학교와 학원만 오가는데 어떻게 다른 것을 해 볼 수 있느냐는 것이다.

학교생활뿐만 아니라 집에서도 얼마든지 꼭 이루고 싶은 것을 찾을 수 있지 않느냐고 설명해 주면 이해하고 적기 시작했다. 전 과목 평균 5점 이상 올리기, 하루 4시간 자기, 하루 30분 운동하기, 하루 1시간 영어수업 듣기, 엄마에게 짜증 내지 않기, 동생과 싸우지 않기, 게임시간 30분 줄이기 등이었다.

학년 말이 다가오는 12월에, 그 공책 앞면을 보며 달성한 목표에 동그라미를 해보라고 했다. 그런데 목표 달성은 고사하고 그 다섯 개 중에 한두 가지라도 시도해 본 학생은 몇 되지 않았다. 심지어 목표를 적었다는 사실조차 잊고 있는 학생도 꽤 됐다. 이유는 다양했지만 가장 많이 학생들이 내세운 핑계는 '시간이 없다'는 것이었다. 정말 그것이 이유가 된다고 생각하는지 재차 물으면 대부분 아니라고 답했다.

여러분 중에 오늘 하루에 만족해하는 학생이 과연 얼마나 될까? 내일은, 오늘보다 조금은 더 즐겁고 보람 있는 날이 되면 어떤 기분일까? 어제와는 다른 결과, 더 나은 삶을 원한다면 학창 시절부터 스스로의 한계에 도전하는 습관을 길러 보자. 자신의 꿈을 위해 도전을 멈추지 않았던 박현주 회장의 경험담은, 과연 나에게는 불가능한 일일 뿐일까? 경쟁 상대는 언제나 남이 아닌 나 자신이다. 선생님이나 부모님의 가르침을 뛰어넘는 삶의 가치를 스스로 찾아내 보자. 지금 당장 내가 하고 싶은 일을 생각해 보고 그와 관련된 아주 작은 목표 하나를 세우자. 그리고 내일 아침이 아닌, 지금 이 순간부터 실행해 보자. 불만족스러웠던 어제보다는 분명 더 의미와 가치가 있는, 오늘이 시작될 것이다.

5

청소년기에
인생의 '빅픽처'를 그려라

특성화 고등학교 3학년 담임을 할 때의 일이다. 졸업 후 취업보다 대부분 진학을 택하던 시절이다. 그런 상황에서도 몇몇 학생은 대학 진학보다 우선 취업을 해서 집안에 도움을 주거나 경제적으로 독립하고 싶어 했다.

당시 학교에서는 방과 후에 워드나 엑셀 자격증 취득에 대비한 강좌를 개설하고, 수강료도 전액 학교에서 지원해 주었다. 희망자는 누구나 방과 후에 그 수업을 들을 수 있었고 열심히 연습하면 어렵지 않게 자격증을 취득할 수 있었다. 그러나 강좌를 들을 수 있음에도 방과 후 더 남아야 한다는 것 자체가 싫어 꺼리는 경우가 많았다. 그 학생들은 다른 이유로 아르바이트를 했다. 실제로 아르바이트로 생활을 해야 하는 학생도 있었지만 대부분은 당장 생계를 책임져야 할 상황까지는 아니었다. 다만 당장 쓸 용돈 마련을 위해 수업을 포기한 것이다. 담임이나 교과 선생님이 아무리 설득을 해도 그들에게는 그저 회유로 들릴 뿐 진심이 담긴 조언으로는 받아들여지지 않았다.

한 여학생이 있었다. 수업시간에 적극 참여하고 노력하여 성적도 상위권이었다. 다른 학생들이 하는 일도 잘 도와주고 맡은 일도 꼼꼼하게 잘 처리했으며 리더십도 있었다. 졸업 후 바로 취업을 원했기에 엑셀 자격증만이라도 취득할 것을 권했다. 하지만 다른 아이들과 마찬가지로 시간이 없다고 했다.

"지금 당장만 생각하지 말고 졸업 후를 생각해라. 회사에서는 이런 자격증을 원한다. 그리고 이런 자격증이 있고 성적도 좋으면 월급을 더 많이 받을 수 있는 회사로 취직할 수 있다. 지금 아르바이트로 버는 것보다 더 많은 월급을 받을 수 있다."고 간곡히 설득했다.

마침내 한번 들어보겠다고 했다. 하지만 겨우 두 번 수업을 들은 이후로는 참석하지 않았다. 아무래도 아르바이트를 계속 해야겠다는 말이었다. 당연히 자격증을 획득할 수 없었다. 학생이 졸업하고 얼마 지나지 않아 주민센터에서 연락이 왔다. 성적이 상위권이면서 성실한 여학생 한 명을 추천해 달라는 것이다. 임시직이기는 하지만 일 년이 지나면 정식직원으로 승급될 것이라며 꼭 일을 잘할 수 있는 여학생을 한 명 추천해 달라고 했다.

자격요건에 워드와 엑셀 자격증 소지자가 명시돼 있었다. 나는 단박에 이 학생이 떠올랐다. 일단 합격만 되면 잘해 낼 것이라 생각되었기 때문이다. 월급과 처우도 공무원과 비슷했다. 여학생은 나의 전화를 받고는 하고 싶다고 했다.

다음 날 담당자에게 전화해서 엑셀 자격증은 없지만 이 여학생이 명석하고 성실해서 업무를 금방 익혀 잘할 것으로 판단되어 추천하고 싶다고 했다. 그러나 담당자는 미안하지만 자격요건이 되지 않아 접수를 받을 수 없다고 했다. 아버지는 돌아가시고 어머니 혼자 생계를 유지하고 있는 학생의 어려운 사정을 생각했을 때 너무나 안타까웠다. 원서를 제출하는 것도 힘들겠다는 말을 전하니 그때 비로소 학생은 때늦은 후회를 했다.

만약 이 여학생이 인생의 '빅픽처'를 갖고 있었더라면 당장의 시급에 연연하지는 않았을 것이다. 인생의 큰 그림을 그리고 꿈의 실현을 위한 계획을 세웠더라면 좀 더 멀리 보고 더 나은 미래를 위해 지금 해야 할 일이 무엇인지 잘 알 수 있지 않았을까? 그랬다면 좋은 기회를 잡아 안정적으로 직장생활을 하며 대학생의 꿈도 펼칠 수 있었을 것이다. 두고두고 안타까운 일이었다.

며칠 전 영화 〈대동여지도〉를 보았다. 나라가 독점한 지도를 백성들과 나누고자 하는 일념 하나로 전국을 누비며 지도를 그린 김정호. 딸이 열여섯이 되는 것도 잊은 채, 지도에 미친 사람이라는 사람들의 손가락질에도 아랑곳없이 대동여지도의 완성과 목판 제작에 혼신의 힘을 다했다. 하지만 안동 김 씨 문중과 대립하고 있던 흥선대원군은 김정호의 대동여지도를 손에 넣어 권력을 장악하려고 한다. 이에 굴하지 않고 목판 제작에 심혈을 기울이고 있던 중 천주교 탄압으로 딸이 잡혀간다. 딸을 살려달라고 흥선대원군과 안동 김 씨네에 부탁을 할까도 생각해보지만 대동여지도 목판을 내놓으라는 요구에 고민만 했다. 그러나 딸이 처형장에 나오기 전에 이미 숨을 거둔 것을 알게 된 김정호는 집을 불태우고 마지막 한 곳을 그려 넣기 위해 우산도(독도)로 떠난다.

김정호의 부탁으로 바우는 광화문 앞 대로에 지도 한 장, 한 장을 펼쳐 놓는다. 그렇게 한 장 한 장이 모두 펼쳐지자 드디어 우리나라 지도가 완성되었다. 김정호가 평생 목숨도 아까워하지 않으며 완성하고자 했던 것, 우리나라 지도를 대중 앞에 공개한 것이다.

그가 일생을 바쳐 완성하고자 했던 빅픽처는 우리나라 지도였다. 왜 평생 이렇게 힘든 일을 하느냐는 물음에 "가슴이 설레기 때문이다."라고 그는 말한다.

빅픽처란 내 인생 전체를 통해 완성하고자 하는 '큰 그림'이다. 어느 방향으로 가고 싶은지, 인생에서 추구하는 궁극적인 목표가 무엇인지 내 인생의 이정표가 되어줄 무언가다. 급변을 거듭하는 21세기에 빅피처를 그리는 일은, 성인이 된 후가 아닌 청소년기부터 시작되어야 한다. 빅피처의 구성과 그에 따른 실행이야말로 성장의 핵심이자, 성공의 요건이요, 자기계발 그 자체이기 때문이다.

성공한 사람들이 쓴, 수많은 자기계발서에서 공통적으로 강조하는 사항들을 살펴보자.

첫째, 나도 할 수 있다는 긍정적인 마음을 가져라.
둘째, 실패하더라도 계속해서 나아가라.
셋째, 목표를 구체적으로 세워라.
넷째, 이 목표를 기록하여 자주 보라.

네 가지 중 특히 중요한 것은 인생 전반의 계획을 세우는 것이다.

자신의 인생을 제대로 디자인한 사람은 그 디자인대로 살기 위해 노력할 것이다. 완성하고 싶은 큰 그림을 갖고 있다면, 현재 내가 이 일을 해야 하는 이유를 분명히 알게 되고 어떤 어려움이 와도 이겨낼 수 있는 힘이 생긴다. 순간적인 쾌락이나 즐거움을 위한 유혹에 넘어가서 후회하는 일이 없도록 매일 최선을 다할 것이다.

꿈을 종이에 적고 항상 볼 수 있는 곳에 붙여 두어라. 늘 들고 다니는 핸드폰 화면, 컴퓨터 바탕화면에도 깔아 놓자. 매일 가고자 하는 방향을 확인하고 출발한다면, 길을 잃고 방황하는 일은 없을 것이다.

6

나만의
로드맵을 만들어라

'노동자 파업, 지하철 운행 정지'

나는 어떻게 해야 할지 몰라 멍하니 서 있었다. 홈스테이로 머무는 집에 가려면 기차를 타기 위해 빅토리아 역까지 가야만 했고, 이를 위해 지하철을 타야 했기 때문이다. 19년 전 영국에 잠시 머물 때의 일이다.

그날 런던 시내 구경을 위해 꽤 먼 곳까지 나간 것으로 기억된다. 지하철을 타고 빅토리아 역까지 가면 집으로 쉽게 갈 수 있었기에 지하철 노선을 따라 걸어갔다. 그런데 파업이라니! 지상으로 올라와 버스 정류장으로 갔지만 퇴근시간과 맞물려 너무나 많은 사람들이 몰려서 버스도 탈 수 없는 상황이었다.

아침에는 잘 다녔던 대중교통이 몇 시부터 끊긴 것일까? 현지인들은 뉴스를 보고 미리 알았겠지만 종일 혼자 돌아다닌 외국인은 알 수 없었다. 이렇게 대중교통이 파업을 실행할 수 있다는 것 자체가 충격이었다. 충격도 잠시, 나는 어떻게 하든 집으로 돌아가야 했다.

일단 걷기로 하고 힘없이 도로를 따라 걸어가는데 한 건물 벽에 뭔가가 꽂혀 있는 것이 보였다. 여행 정보지 같다는 생각에 꺼내 봤다. 그런데 그것은 런던 시내 지도였다!

불안함이 사라진 나는 천천히 걸으며 런던 시내를 좀 더 자세하게 구경하는 여유가 생겼다. 그 덕분에 여행 정보지에는 소개되지 않은, 현지인들의 생활을 엿볼 수 있었다. 그리고 무사히 빅토리아 역에 도착해 집으로 가는 기차를 타게 되었다.

만약 그날 런던 지도를 발견하지 못했다면 어떻게 됐을까? 집으로 돌아가는 여정은 훨씬 힘들었을 테고 그날 기분도 엉망이 되었을 것이다. 지도 하나로 시간과 에너지를 절약하고 하루 여행을 즐겁게 마무리할 수 있었다.

로드맵이란 기업이나 국가 등에서 어떤 일을 계획하거나 추진할 때 사용하며, 앞으로의 계획이나 전략 등이 담긴 구상도·청사진 등을 의미한다. 우리 인생에도 목표를 하나 세우면 어떻게 달성할지 구체적인 방법과 계획 그리고 전략이 필요하다.

우리 부모님 세대만 해도 학창 시절에는 학교에서 짜준 커리큘럼에 맞춰 일상을 보내고, 대학 졸업 후 회사에 들어가면 직원으로서 주어진 일을 열심히 하기만 하면 그에 맞는 보상을 받으며 살 수 있었다. 평균 수명이 지금처럼 길었던 시절은 아니었기에, 은퇴 후의 삶에 대해 크게 신경을 쓰지는 않았다. 어찌 보면, 사회 분위기와 시대의 흐름에 따라 일생을 보내도 크게 문제가 될 부분이 없었다.

하지만 대한민국은 100세 시대를 눈앞에 두고 있다. 은퇴 이후의 삶에 대해 고민하지 않으면 안 될 시기가 왔다. 그뿐인가? 조직보다 개인이 가지는 힘이 더 큰 마이크로 비즈니스 시대가 도래했다. 사회에 진입한 순간부터 은퇴 이후까지 아주 오랜 기간을 변화와 시련에 맞서야 한다. 인생을 살아감에 있어 로드맵의 구성은 이제 필수가 되었다.

그렇다면 인생 전반의 로드맵은 어떻게 그려야 할까?

첫째, 자신의 꿈이 무엇인지 명확하게 찾아낸다.

하루에도 새로운 수십 가지의 직업이 생겨나고, 수십 가지 직업이 저물어 간다. 한 가지 일, 한 가지 취미에만 매달려 평생을 보내는 사람은 거의 없다고 해도 좋다. 자기가 좋아하는 것이 무엇인지 명확하게 알고 있다면, 꿈 역시 명확해질 것이며, 인생길을 구성하는 일은 훨씬 쉬워지기 마련이다.

둘째, 조언을 아끼지 않는, 믿을 만한 멘토를 곁에 둔다.

이 험난한 세상을 살아가기 위해서는 타인의 도움이 필수적이다. 여러분은 우선 존경하는 선생님이나 부모님, 아니면 친한 친구나 선배를 떠올릴 것이다. 하지만 조금만 눈을 돌려보면 멘토의 대상이 굳이 곁에 있는 사람이 아니어도 된다는 사실을 알아챌 수 있다.

TV만 봐도 어마어마한 영향력을 가진 인사들이 등장한다. 일례로 백주부 백종원은 현재 요식업계에 종사하는 사람이라면 누구나 알고 있으며, 그를 목표로 열심히 요리에 매달리는 사람이 적지 않다. 만일 내가 요식업계에서 일하고 싶다면 얼마든지, 그가 방송에 나와서 하는 이야기에 귀 기울이고 그가 전하는 사업 스킬을 자신의 기술로 만들어내려는 노력 또한 할 수 있다. 멘토의 조언이야말로 방향을 정하고 거기에 매진하게 하는 데 큰 힘이 되어 준다.

셋째, 독서를 게을리하지 않는다.

스마트폰에 매달린 결과 요즘 아이들이 사회적 경험을 하는 시기가 점점 늦어지고 있다는 기사가 최근에 발표됐다. 스마트폰 안에 갇힌 나머지 유대관계를 맺는 데 미숙하다는 것이다. 이러한 이유로 독서를 열심히 하기만 해도 하나의 능력을 갖출 수 있다. 독서는 지식의 습득은 물론이요, 미래를 예측하고 과거를 반성하게 하는 힘을 갖고 있다. 단편적이 아닌, 다양한 활로의 사고 능력 또한 키워 준다. 한 권의 책에는 한 사람의 일생이 고스란히 담겨 있다. 그러므로 책을 많이 읽으면 간접 경험이 늘어나고, 이것이 인생의 로드맵을 그리는 데 도움이 될 수 있다.

살아가다 보면, 수차례 고비가 오고 셀 수 없을 만큼 많은 선택의 기로에 서게 된다. 하지만 큰 틀에서의 로드맵만 갖춰져 있다면 그러한 버거움을 이겨내기는 어렵지 않을 것이다. 잠깐 잘못된 길로 들어선다 해도 로드맵을 나침반 삼아 올바른 삶의 행로로 얼마든지 돌아갈 수 있기 때문이다.

7

No.1보다
Only 1을 목표로 하라

지금까지 우리 사회는 최고만을 지향해 왔다. 언제나 1등을 목표로 학교생활을 해야만 했다. 최고가 되기 위해 늘 경쟁해야만 했다. 치열한 경쟁 속에서는 주변 사람들과 우호적인 관계를 맺기 힘들다. 그들이 잘되는 것을 진심으로 기뻐해 주기도 어렵다.

그러나 세상은 변하고 있다. 산업 시대에는 똑같은 규격품을 누가 먼저 빨리 만들어 내는가가 한 사람의 능력이었다. 하지만 정보화 시대는 이미 존재하는 지식들을 잘 융합해서 세상에 없는 새로운 기술과 상품을 만들어 내는 창조형 인간이 각광을 받는다. 남과 똑같이 가면서 앞서려고 할 필요가 없다. 다른 사람이 하지 않는 것, 다른 사람들이 관심을 기울이지 않는 것을 찾아 사람들의 이목을 집중시키고 그 분야에서 최고가 되면 된다.

소영이는 옷차림과 화장법에 아주 관심이 많았다. 2000년대 중반 아직 학칙이 엄했음에도 교복을 가만 두지 않았다. 치미 길이를 줄였다 늘였다 하는 일은 예사고 상의의 품이나 길이도 이리저리 바꾸어 보길 좋아했다. 선생님들에게 지적을 받고 그 교복으로 더 이상 버티기 힘들다는 생각이 들면 벼룩시장에 팔았다. 그리고 다시 새 교복을 샀다. 그런 소영이에게 일단 좋아하는 일에서 진로를 찾아보라며, 패션 잡지를 구독하고 관련 분야의 책도 읽어 보기를 권했다. 하지만 여전히 관련 분야의 책보다는 사복이든 교복이든 자신의 취향대로 맞춰 입는 일에만 몰두했다.

어느 날 소영이는 자신이 제일 아끼는 것이라며 파우치에서 뭔가를 꺼냈다. 파우치에는 별별 종류의 화장품이 다 들어 있었다. 소영이는 검은색 케이스의 립스틱 하나를 꺼내며 이게 뭔지 아느냐고 물었다. 고급스러워 보이는 립스틱이었다. 그 비싼 걸 어디서 샀느냐고 물으니 엄마가 선물해 준 샤넬이라고 자랑스럽게 말했다. 샤넬이 뭔지 아느냐고 물으니 모른단다. 나는 샤넬이 왜 대단한지를 소영이에게 설명해 주었다.

'샤넬'은 시대를 초월해 인기를 누리고 있는 명품 브랜드다.

샤넬의 창업자 코코 샤넬은 장돌뱅이 아버지에게 버림받고 수도원 부속 고아원에서 자랐고, 어린 시절은 불행한 나날의 연속이었다. 그러던 중 수도원에서 부유한 친구이자 애인인 에티엔을 만났다. 부자인 애인에게 의지해 마음껏 상류사회의 화려한 생활을 즐길 수도 있었지만, 샤넬은 그 대신 삶에 대한 자존감을 갖기 위해 직업을 가지기로 결정한다.

처음에는 수녀원 부속학교에서 배운 재봉기술로 작은 상점을 열어 모자를 만들어 팔았다. 남자들이 쓰던 승마 모자에서 영감을 얻어 간결하고 단순한 디자인으로 만든 모자는 그 당시 유행하고 있던 주름 장식과 버슬에 싫증난 여성들에게 인기를 끌었다. 이후 샤넬은 다양한 발상의 전환을 통해 당대 최고의 디자이너로 거듭났다. 전쟁이 한창이라 옷감을 구하기 힘들 때는 남성 운동복 재료로 쓰였던 '저지'로 여성복을 만들어 주목을 끌었다. 또한 여자들이 안에 반드시 입어야 했던 코르셋이나 속옷을 겹겹이 입지 않아도 되는, 일자 주름 드레스를 만들어 큰 호응을 얻어 냈다.

1917년, 샤넬은 자신의 긴 머리를 싹둑 자르고 직접 디자인한 모자를 쓴 채 거리를 활보했다. 긴 머리카락을 부풀려 틀어 올리는 머리가 아름다움의 상징이던 시대에, 과감하게 자신만의 스타일을 선보인 것이다. 이 또한 파리 여성들 사이에서 대유행하게 되었다.

샤넬은 사회의 흐름을 읽어 내는 능력도 탁월했다. 20세기 초 유럽에서는 신분제를 비롯한 각종 인습의 변화가 일어나고 있었다. 사회의 중심이 집단에서 개인으로 이동해 가고 있음을 감지한 샤넬은, 옷이 더 이상 신분을 알리거나 과시하는 용도로 쓰이지 못한다고 생각했다. 이에 앞으로의 패션은 신분이 아닌, 개성을 드러내는 데 그 가치가 있음을 깨닫고 '샤넬'을 자신만의 독자적인 브랜드로 키워 나갈 수 있었다. 그녀는 이런 말을 남겼다.

"처음에 사람들은 나의 스타일을 이상하다며 비웃었지만 그것이 내 성공의 비결이었다. 나는 그 누구와도 같지 않았다."

예전에는 사회의 통념에서 벗어난 행동을 하거나 생각을 가지면 사람들에게 비웃음을 당하기 쉬웠다. 하지만 21세기는 다르다. 개인주의가 사회 전반에 퍼져 있으며, 사람들은 '다름'을 이해하고 존중하는 분위기다. 독특한 개성이 마케팅에 있어 주요 전략으로 등장했으며, 대중은 '튀는 상품'을 선호한다. 비웃음이 환호로 바뀌어 가는 것이다.

샤넬은 사람들이 보내는 비웃음에 기죽지 않고 오히려 그것에서 기회를 엿보았다. 타인들과 똑같이 되지 않기 위해 늘 노력했고 그 결과 경쟁자들보다 한발 앞서나갔다.

교복마저 이리저리 자신의 취향대로 마름질하는 소영이도 조금만 생각을 바꾼다면 자신만의 길을 찾아 나설 수 있을 것이다. 이미 천편일률적인 환경에서 벗어나고자 하는 열망과 재능을 가지고 있기 때문이다. 다만 아직 본인이 스스로 깨닫지 못했을 뿐이다.

지금은 무한 경쟁시대다. 이미 포화 상태가 된 분야에서 최고가 되려면 얼마나 많은 시간과 노력이 요구되겠는가. 1등이 된다는 것은 더욱 힘든 일이다.

몇 년 전부터 유행하는 단어가 하나 있다. 바로 '틈새'다. 엄청난 실력의 경쟁자들이 즐비하더라도, 자신만의 독특한 아이디어와 이를 현실에 옮길 수 있는 실행력만 있다면 얼마든지 그 틈새에서 살아남을 수 있다. 그뿐인가? 실력이 만개하는 순간, 그 좁은 틈이 활짝 열려 새로운 세상으로 통하는 문이 되어 줄 수도 있다.

전 세계 시가 총액 1위 기업 '애플'. 애플의 매출을 2배 이상 향상시킨 이는 현재의 CEO 팀 쿡Tim Cook이지만 사람들은 여전히 애플의 아이콘으로 스티브 잡스Steve Jobs를 지목하고 있으며, 그를 그리워하고 있다. 왜일까? 스티브 잡스가 대중에게 선보인 창조성과 혁신이 지금의 애플에게서는 보이지 않기 때문이다.

다른 사람보다 더 잘해서 최고가 되기 위해 노력하기보다, 남들과 달라서 유일한 희소성과 첨단의 가치를 가지는 Only 1이 되기 위해 노력해 보자. 강철왕 앤드루 카네기Andrew Carnegie는 부자가 된 비결이 뭐냐는 질문을 받으면 늘 이렇게 대답했다.

"항상 다른 사람과 반대로 행동했기 때문이다."

8

긍정적인 말이
긍정적인 미래를 만든다

"의식을 바꾸는 데는 돈이 들지 않는다."

어느 책에서 본 말인데 무척 공감이 된다. 생각을 바꾸면 미래가 달라진다. 그러나 대부분의 사람들은 이렇게 해야 할 필요성조차 느끼지 못한다. 그저 하루하루 세상이 만들어 놓은 틀에 맞춰 살아갈 뿐이다.

생각에는 우리의 모든 것이 담겨있다. 우리가 생각을 잘 관리해야 하는 이유는 내가 생각하는 대로 살게 될 가능성이 높기 때문이다. "내가 생각하는 대로 살지 않으면, 내가 사는 대로 생각하게 된다."는 말도 있지 않은가.

대다수의 사람들은 일상을 무의식적으로 받아들이고 늘 똑같은 패턴으로 하루하루를 보낸다. 잊지 말아야 할 사실이 하나 있다. 바로 일상 속에 미래가 있다는 점이다. 앞서 얘기했듯, 우리들의 미래 역시 오늘 하루처럼 무의식적으로 쭉 이어질 가능성이 무척 높기 때문이다. 오늘 하루를 알차게 보내야 하는 까닭이 여기에 있으며, 그 일상은 '생각'이 지배하고 있다.

그렇다면 우리의 일상을 지배하는 '생각'에 가장 영향을 많이 미치는 것은 무엇일까?

청소년 시절 생각에 영향을 많이 미치는 것은 바로 매일 사용하는 말, 즉 언어이다. 언어가 중요한 이유는 언어는 우리의 생각과 사고를 담아내는 그릇이기 때문이다. 부정적인 말은 부정적인 생각을 낳고 긍정적인 말은 생각을 긍정적으로 이끈다. 긍정적인 생각으로 가득 차 있는 사람은 희망적으로 뭔가에 계속 도전을 하고 그에 따라 성공의 가능성도 높아진다. 반면에 부정적인 생각에 사로잡혀 있는 사람은 늘 자신감이 부족하고 새로운 도전은 엄두를 내지 못한다.

요즘 청소년들이 사용하는 언어에는 부정적인 말과 긍정적인 말 중 어느 것이 더 큰 비중을 차지할까? 가까이에서 지켜본 결과 청소년들이 사용하는 말의 반 이상은 욕설이 차지했다. 학교, 도서관, 길거리, 학원 등 장소를 가리지 않는다. 상황에 따라서 때때로 사용하던 욕설은 이제 학생들의 일상용어가 되었다.

"우리 아이가 욕 하는 것을 본 적이 없다."며 다른 어머니들 앞에서 당당하게 자랑하시던 분이 있었다. 집에서 부족함 없이 관심을 쏟고 지원을 아끼지 않으니 욕설을 할 리가 없다고 믿고 계셨다. 뭔가 문제가 있는 아이들이나 욕설을 하지 않느냐며 아들에 대한 절대적 믿음을 드러냈다.

상담을 해 보면 대부분의 부모들은 집에서 본 모습만으로 판단한다. 그러니 우리 아이는 예외라는 것이다. 물론 언어 습관이 바르고 예의 바른 학생도 많다. 우려되는 점은 욕설을 빈번하게 사용하는 학생들이 점점 증가한다는 사실이다.

욕을 쓰지 않고도 의미가 충분히 전달되는데 왜 그렇게 욕설을 하느냐고 물으면 그래야 자신의 감정이나 의도가 강하게 '어필'이 된다고 한다. 욕구불만에 차 있거나 자신의 요구가 받아들여지지 않을 때

분노를 조절하지 못해서 여과 없이 욕설을 해버리는 경우도 있었다. 문제는 욕설이 다른 학우들에게 상처가 될 수 있음을 대부분의 아이들이 모르고 있다는 데 있다. 험악한 말은 상대 특히 심약한 학생에게는 마음의 상처를 남길 수 있음을 주지시키면 그 말은 친근감의 표시라고 둘러대곤 했다. 그럴 때마다 "욕설을 하면 가장 크게 듣는 사람은 바로 자신이며, 자신에게 하는 말이나 마찬가지다."라고 일러주었다.

두 학생의 경우를 보자. A는 이런 나의 설명을 들은 후 담임 앞에서는 이미지 관리 차원에서라도 조금씩 조심하기 시작했다. 그것이 습관이 되었는지 A에게 욕설을 많이 듣던 학생이 내게 와서 A가 자신에게 욕을 거의 하지 않는다고 귀띔해 주었다. 한참 시간이 흐른 후 A에게 "요새 욕하는 걸 못 봤다."라고 칭찬을 해 주니 "그 후 조금 더 신경을 쓰고 조심하니 점점 욕하는 것이 어색해졌다."라며 수줍게 웃었다.

욕설을 하지 않으면서 A에게 또 다른 변화가 생겼다. 굳이 욕설을 하지 않더라도 자신의 강함을 드러낼 수 있는 방법이 있다는 것을 알게 됐다고 했다. 그러한 과정에서 자기 자신에 대한 믿음이 생기고, 자신감이 커져 성적 또한 함께 향상되었다고 한다. 단지 욕설을 자제했을 뿐인데, 삶 자체가 무척 긍정적으로 뒤바뀐 것이다. 이후 이 남학생은 성적이 더 향상되었고 고등학교도 원하는 곳으로 가게 되었다(당시 고등학교는 성적에 따라 지원했다). 몇 년 후 그 학생이 성적을 잘 유지한 끝에 대학도 본인이 원하는 곳으로 갔다는 말을 들을 수 있었다.

이와 정반대되는 학생도 있었다. B는 학교에서 하는 모든 일에 불평불만이 가득했고 욕설도 자주 했다. 심지어 선생님조차 불손한 언행으로 대했다. 알고 보니 부모님이 이혼한 후, 방 한 칸을 얻어 혼자 살고 있었다. 부모님이 생활비조차 전혀 주지 않아 자신이 벌어서 먹고산다고 했다. 어느 날 어머니가 학교로 찾아와 담임을 통해 용돈을 주려 했으나 그조차 받지 않았다. 늘 불만과 원망이 쌓여 있었기에 욕설은 일상이 되었고, 언어의 중요성에 대한 선생님들의 조언은 당연히 받아들여지지 않았다. 가장 큰 문제는 이 학생이 대학 졸업 후 취직을 한 후에 발생했다.

부당하고 불필요한 업무라고 상사에게 의사표현을 하는 과정에서 흥분하여 폭언을 했고, 그로 인해 평소 실무를 잘 처리한다는 평가를 받고 있었음에도 해고를 당했다는 것이다. 그래서 여전히 아르바이트 자리를 전전하고 있다는, 안타까운 이야기를 가만히 듣고 있을 수밖에 없었다.

평소 내가 쓰는 말이 어떤 말인지 한 번 점검해보고 실천하기 쉬운 것부터 해 보자. 학생들이 많이 쓰는 부정적인 말에는 욕설 다음으로 "싫어!", "못해요"가 있었다. "난 이런 건 하기 싫어.", "난 그 과목 싫어.", "난 그 선생님 진짜 싫어!", 심지어 "난 우리 엄마 아빠 싫어!"라고 공공연히 말하는 것도 들었다.

환경이 어렵다고 부정적으로 생각하고 말해 버린다면 사정은 더 악화된다. 말과 행동을 긍정적으로 바꾸면 의식이 긍정적으로 바뀐다. 의식이 긍정적으로 바뀌면 말과 행동이 긍정적으로 바뀐다. 선순환이 되는 것이다.

미국 대통령 존F. 케네디John F Kennedy는 1962년 라이어스 대학 연설에서 "10년 이내에 인간이 달 위를 걷게 하겠다."고 선언했다. 그러나 수많은 과학자들은 그것은 '불가능하다'고 말했다. 케네디 대통령은 그들과 논쟁을 벌이는 대신 한자리에 모아놓고 불가능하다고 하는 학자들에게 왜 불가능한지 그 이유를 대라고 했다. 그들은 그들의 연구결과와 지식을 토대로 그 이유를 설명했다.

그 후 케네디는 더 이상 불가능하다고 주장하는 학자들을 만나지 않았다. 가능하다고 생각하는 학자들과 함께 '불가능하다'고 말한 학자들이 들이댄 불가능한 이유들에 대한 해결책을 찾아 나갔다. 그 결

과 어떻게 되었는가? 인간은 달에 착륙하지 못했는가? 1969년 7월 닐
암스트롱과 에드윈 올드린 주니어가 탄 아폴로 11호가 달에 착륙했
다. 최초로 사람이 탄 우주선이 달에 착륙한 것이다.

　　－『가슴 뛰는 삶』 중에서

　　내 주위에는 어떤 친구들이 있는지 나는 지금 어떤 친구와 사귀고
있는지 돌아보라. 그들이 내뿜는 긍정적 혹은 부정적 에너지가 부모
님 못지않게 여러분의 일상에 영향을 미치기 때문이다. 친구들은 나
에게 어떤 말을 해 주는가. 말끝마다 욕을 후렴구처럼 붙이는가. 또한
나는 내 친구에게 어떻게 말하는가?

　　부정적인 생각으로 긍정적인 결과를 이끌어 낼 수는 없다. "할 수
있다."는 긍정의 방향으로 내 의식이 향하게 하려면 매일 쓰는 말부터
긍정적으로 사용하도록 해야 한다. 나 자신부터 부정적인 의식을 버
리고 부정적인 생각으로 가득 찬 사람들을 멀리하자. 지금 내 몸에 지
닌 의식과 내 주위에 있는 사람들에 의해 나의 10년 후가 결정된다.

노래 부르는 것만큼, 공부도 즐거워요!

은석이는 쉬는 시간이면 늘 무언가를 들여다보며 중얼거렸다. 주변의 학생들은 은석이가 팝송을 아주 잘 부른다고 귀띔해주었다. 엉뚱해 보이기는 했지만 학급에서 자신이 맡은 일은 책임감 있게 잘하는 학생이었다. 그러나 평소에는 거의 말을 하지 않았고, 수업시간에는 딴생각만 하고 있는 것 같다는 학과 선생님의 말씀도 들렸다.

그러던 중 학급 장기자랑을 할 시간이 생겼다. 반 아이들은 은석이가 팝송을 잘 부른다며 자꾸 불러보게 하라고 했다. 반 친구와 담임의 권유에 은석이는 할 수 없다는 표정으로 나와서 노래를 부르기 시작했다. 그런데 평소 모습과는 다르게 영어 발음도 유창하고 표정과 제스처까지 아주 멋들어지게 부르는 것이 아닌가! 아이들은 모두 환호하고 은석이의 노래에 정말 반했다는 여학생까지 생겼다.

이후 항상 말없이 조용히 앉아 팝송 가사를 외우거나 상념에 잠겨 있던 은석이에게 여학생들이 듣기 좋은 팝송은 뭔지 묻기도 하고 좋은 노래가 있으며 달라고 하기도 했다. 은석이는 여학생들의 관심에 신이 나서 자신이 좋아하는 노래를 반 아이들에게 선물하기도 했다. 이렇게 주위의 관심을 받게 되자 점점 더 팝송에 관심을 가지게 되고 더 많은 곡의 가사를 공책에 적으며 노래에 심취했다.

반면에 어머니는 은석이가 공부를 등한시하고 팝송만 듣는다며 걱정하셨다. 하지만 나는 되려 은석이에게 팝송에 관심이 많다면 확실하게 파고들어 보라고 했다. 영어 듣기에도 도움이 되고, 가사를 공부하다 보면 단어나 표현법을 외우는 데 힘이 될 것이라 말했다. 아니나 다를까, 영어는 어렵고 하기 싫은 과목이라는 편견이 없어지면서 은석이는 더욱 영어 공부에 열중했다. 성적이 오르자 어머니의 걱정도 누그러졌고 은석이가 흥미 있어 하는 것에 관심을 갖고 지원해주기 시작했다. 좋은 오디오를 선물한 것이다.

입학했을 당시 은석이는 학급에서 존재감도 없었고 영어 성적은 중하위권에 머물렀다. 그러나 3학년이 됐을 때는 EBS 영어 듣기 시험에서는 거의 만점을 받았고 학교 영어시험에서도 상위권에 오르게 되었다. 은석이의 처음 모습을 아는 학생들은 놀랍다고 했다. 영어 성적이 오르니 자신감이 생겨 다른 과목도 관심을 갖게 되었고 점차 다른 과목의 점수도 향상되었다. 이런 일련의 변화와 발전은 주위 학생들에게도 자극이 되었다.

그저 재미로 듣게 된 팝송이 영어, 음악 등 다른 교과 공부에 도움이 되리라고 은석이 본인도 생각하지 못했다. 뜻밖의 결과에 놀라워하면서도 많이 기뻐했다. 그리고 고등학교에 가서도 즐겁게 공부할 수 있을 것 같다는 말을 했다.

여러분 중에도 수업 시간에 공상에 빠져 있거나, 자기가 좋아하는 다른 일에 신경을 쓰는 학생들이 적지 않을 것이다. 하지만 그것이 아주 쓸모없는 일이라고 생각하지 않는다. 다만 그것과 관련 있는 수업이 있다면 그 과목부터 흥미를 가지고 공부를 시도해 보라 권하고 싶다. 분명 조금이라도 연관이 있는 과목이 있을 것이다. 그 작은 시도가 여러분의 즐거운 학교생활, 그 시작점이다.

66

가장 위대한 영광은 한 번도 실패하지 않음이 아니라
실패할 때마다 다시 일어서는 데에 있다.

- 공자

99

잡 트렌드 Job Trend
속에
미래가 있다

1

다른 사람을
행복하게 만드는 일을 찾아라

플로리다의 라디오 방송국 경영자였던 로월 팩슨Lowell Paxson과 동료였던 로이 스피어Roy Speer는 사람들의 행동을 유심히 관찰하다 다음과 같은 사실을 발견했다.

사람들은 쇼핑을 무척 좋아한다.
사람들은 텔레비전 시청을 아주 좋아한다.

그렇다면 이 두 가지를 결합해서 텔레비전을 보면서 쇼핑을 하도록 만들면 얼마나 좋을까? "사람들이 텔레비전을 보면서 쇼핑도 할 수 있게 하자."는 두 사람의 아이디어는 연구를 거듭해 1977년 무점포 방식의 쇼핑 방송으로 탄생했다. 이후 유선방송과 인터넷이 활성화 되면서 현재와 같은 형태로 온라인 쇼핑이 가능하게 되었다.

로월 팩슨과 로이 스피어는 소득의 증가, 여성 취업 인구의 증가, 노인 소비자들의 증가와 같은 사회 변화로 인해 집에서 편리하게 쇼 핑하기를 바라는 사람들의 욕구가 늘어났음을 세심한 관찰 덕분에 알아냈고, 이를 만족시킬 방법을 찾아낸 결과 부를 얻게 되었다.

타인의 욕구를 만족시켜 그들의 삶을 행복하게 만들어 줌으로써 성공한 또 다른 예를 보자.

김성오 대표는 메가스터디에서 책상 2개를 빌려 '엠베스트'를 창업 했다. 8개월 만에 엠베스트는 중등부 온라인 사업 분야에서 1위를 차 지하게 됐고, 창업 4년 만에 20배의 성장을 이루게 됐다. 2006년에는 모회사인 메가스터디와 합병해 시가총액 1조 원이 넘는 회사로 성장 했다.

그는 원래 교육이나 IT 분야에 몸담았던 사람이 아니다. 엠베스트 창업 이전에 그는 약국을 운영했다. 마산의 작은 약국을 기업형 약국 으로 성장시키며 뛰어난 비즈니스 능력을 인정받았는데, 그의 성공

요인은 책 『육일약국 갑시다』에 자세히 기록되어 있다.

　　그는 어려운 집안 형편으로 인해 간신히 600만 원을 빚내어 마산의 한 변두리에 약국을 개업했다. 손님이 없어 초조할 때도 늘 최선을 다했고, 친근함을 높이기 위해 손님의 이름을 꼼꼼하게 외웠다. 그러자 신기해하고 감동하는 손님이 늘어났다. 이에 대해 김성오 대표는 "나는 손님들이 말하는 것처럼 천재가 아니다. 내가 손님들의 이름을 외우기 위해 얼마나 노력했는지 알면 그들은 '천재'라는 말보다 '정성이 갸륵하다'라고 표현했을 것이다."라고 했다. 당시 공중전화가 없던 시절이었기에, 원하는 사람은 누구라도 무료로 약국 전화를 사용할 수 있도록 했다. 약국 전화를 이용한 사람들은 약이 필요할 때는 무조건 이 약국을 방문했다. 또한 한밤중에 모든 가게들이 간판의 불을 끌 때조차도 육일약국은 불을 밝혀 늦게 귀가하는 사람들에게 도움이 되고자 했다. 전기세는 많이 나왔지만 사람들의 안전을 먼저 생각했고 그것이 분명 약국에도 도움이 될 것이라 생각했다. 이후 약국 매출은 점점 늘어 마산역 앞으로 이전하게 됐고 대한민국에서 두 번째로 약사가 많은 대형 약국으로 성장하게 된 것이다.

　　김성오 대표는 당시를 이렇게 회상했다. "나는 어떻게 하면 우리 집을 찾는 사람들을 조금이라도 기쁘게 해 줄 수 있을까? 끊임없이 고민했다. 수익과는 전혀 상관없는 것들이지만 사람들에게 '기쁨'이 되는 일이라 생각되면 즉시 행동으로 옮겼다. 하찮게 보이는 일이라도 상관하지 않았다. 작고 소소한 행동들이 하나둘 늘어나다 보니 그것이 어느새 나의 경쟁력으로 쌓였다. 그리고 의도하지 않았음에도 불구하고 이런저런 인연으로 약국을 찾는 사람이 많아졌다." 이익을 먼저 추구하기보다 약국을 찾아오는 사람들에게 도움이 되고 기쁨이 되는 일을 찾아서 한 것이 김성오 대표가 성공하는 데 밑거름이 되었다.

앞으로 여러분이 직업을 갖게 될 때는 감성에 호소하는 직업이 더욱더 각광받게 된다. 고객 만족을 넘어 고객을 감동시키는 기업이 살아남을 확률이 점점 더 높아지는 것이다. 즉 다른 사람에게 기쁨과 즐거움, 감동을 줄 수 있는 사람이 성공할 가능성이 더욱 커지는 셈이다. 방법을 알았으니 지금부터 연습해 보는 것은 어떨까. 다른 사람을 기쁘게 하고 행복하게 할 수 있는 것들이 무엇이 있는지 고민해 보자. 떠오른 생각을 메모해서 아이디어 노트로 모아 보자.

식당을 예로 들어 보자. 음식은 사람들에게 커다란 기쁨을 준다. 대부분 맛있다고 소문이 난 식당 주인들은 감탄을 자아낼 만큼 오랜 시간 정성을 들여 육수를 끓이고 양념을 만든다. 힘든 것도 마다하지 않고 자신의 소신을 지키며 최고의 맛을 지향하는 식당을 사람들이 몰라볼 리 없다. 식당이 크거나 화려하지 않아도 맛있는 빵이나 떡, 일품요리를 만드는 가게들은 높은 매출을 올리게 된다. 이런 가게 주인들은 '일단 이익부터 많이 남기고 보자.' 하는 마음보다는 '어떻게 하면 좀 더 손님들이 맛있어 하고 행복해 하는 음식을 만들 수 있을까?'를 먼저 고민한 사람들이다.

얼마 전 떡을 사러 시장에 갔다. 주인은 좌판에 방금 쪄 낸 떡을 올려놓고 팔고 있었다. 가로 세로 반듯하게 잘려져서 몇 개는 이미 팔린 모양새였다. 내가 앞에 있는 것으로 하나 달라고 하자 주인은 여러 개가 붙어 있는 부분에서 하나를 떼서 봉지에 담아주며 "이것 갖고 가세요. 덩어리째 붙어 있어서 더 따뜻해요. 얼른 집에 가서 드시면 맛있을 거예요." 했다. 보통 주인들은 손님이 마음에 드는 어떤 부분을 요구해도 "다 똑같아요." 하며 앞에서 다른 사람이 사 가고 남은 조각을 먼저 팔려고 한다. 하지만 이 떡집 주인은 달랐고 나는 감동을 받았다. 왜 여러 떡집 중에서 유난히 그 집에 손님이 많은지 알게 되었다.

'다른 사람을 위한 일'이 정확히 정해져 있는 것은 아니다. 이 세상

모든 직업은 다른 사람을 위한 일이 될 수 있기 때문이다. 직업에 종사하는 모든 사람들이 나보다 다른 사람의 즐거움과 기분을 먼저 생각하며 일하는 것은 아니지만 관심을 기울이면 분명 주변에서 찾을 수 있을 것이다. 그럴 때 그냥 지나치지 말고 수첩에 상세히 기록하자. 직접 경험한 것이 아니라도 좋다. 텔레비전을 틀면 성공한 사람들의 성공담이나 성공한 기업의 다큐멘터리가 자주 나온다. 이를 보고 감동한 것을 잘 정리해 봐도 좋다. 중요한 점은 가끔 기록한 것을 꺼내 보면서 자신의 아이디어를 더해 보는 데 있다.

엠제이 드마코는 『부의 추월차선』에서 사람들에게 미치는 영향력이 커질수록 수입도 늘어난다고 설명했다.

"야구 선수라면 엄청난 내재 가치에 근거하여 보상을 받을 것이다. 수백만 관중을 즐겁게 하는 대신 수백만 달러를 번다. 수백만 명을 웃기는 코미디언은 수백만 달러를 번다. 수백만 고객에게 서비스를 제공하는 기업의 사장도 수백만 달러를 번다."

얼마나 많은 사람을 행복하게 하느냐에 의해 수입이 좌우되는 직업 세계의 변화는 더욱 가속화될 것이다. 오늘 당장 주변 사람들을 즐겁고 기쁘게 해 줄 수 있는 방법은 없을까? 집 청소를 해도 좋고, 누군가에게 친절을 베풀어도 좋다. 보물을 찾지 않는 사람이 어떻게 보물을 가질 수 있겠는가? 미래 '성공'이라는 보물은 언제나 찾는 사람의 몫이 될 것이다.

2

스펙이 아닌
나만의 아이디어로 승부하라

취업을 앞둔 대학생들은 학기 중에는 말할 것도 없고 방학 동안에도 학점 공부, 토익시험 공부, 해외연수, 대학생 공모전, 인턴 경험 등 대기업 취직을 위한 '스펙' 쌓기에 여념이 없다. 스펙은 어학 성적, 자격증, 수상 경력, 어학연수, 인턴 등 취직을 위해 준비하는 일련의 입사 전 경험을 말하는 Specification을 줄여서 부르는 신조어다. 하지만 2015년부터 주요 기업들은 스펙보다 주요 업무 능력 평가에 주력하게 됐고 이에 따라 면접 방식도 다양해지고 채용 트렌드도 변하고 있다.

2015년 하반기 삼성그룹은 공채에 처음으로 직무적합성검사를 도입했다. 일정 수준의 학부 성적과 어학 성적만 있으면 서류전형 없이 삼성직무적성검사GSAT, 전 SSAT에 응시할 수 있다. 삼성직무적성검사는 전공과목 이수 내역과 활동 경험, 에세이 등을 통해 해당 직무에 얼마나 어울리는 인재인지를 판단하는 것으로 에세이가 핵심이라고 관계자는 말한다. LG그룹, SK그룹 역시 '스펙 파괴'를 본격적으로 시작한다는 기사가 나오고 있다. 대기업 취업을 목표로 하지 않더라도 대기업이 우리나라 취업 시장을 선도하고 있으므로 대기업의 채용 방향을 알아두면 취업의 큰 흐름을 읽을 수 있게 된다.

그렇다면 에세이의 중요성이 커진다는 것은 무엇을 의미할까? 에세이는 나의 이야기다. 나만의 경험, 도전 그리고 어려움을 극복하며 얻은 소중한 삶의 지혜 등을 더 가치 있게 받아들이는 사회가 된 것이다. 이제 사회가 요구하는 것은 단순 암기 능력이 아니라 문제 해결 능력이다. 다른 사람들과 다른 나만의 아이디어다. 얼마나 많이 알고 있나 하는 것보다 그것을 활용해 무엇을 할 수 있느냐가 더 중요한 시대다.

나만의 아이디어로 자신의 길을 개척해서 꿈을 이룬 사람 중에 '옷걸이 디자이너'로 유명한 염지홍 씨가 있다.

"지홍, 우리는 당신의 뇌 구조가 궁금해요!"

영국 왕립예술학교 면접시험 때 교수가 그에게 한 말이다. 그를 가르친 교수들은 "사물을 바라보는 방식이나 접근법이 다른 디자이너와 사뭇 다르다."고 했다.

염지홍은 옷걸이 독서대를 탄생시켰는데, 이는 자신의 경험에서 비롯되었다고 말한다. "20살 때 아버지의 갑작스런 퇴직으로 온 가족이 7평짜리 피자 가게를 시작했다. 가게에서 책을 읽다 좀 더 편하게 읽을 방법이 없을까 생각하고 있는데 세탁소 옷걸이가 눈에 들어왔다. 옷걸이에 옷을 걸듯 책을 올려놓고 냉장고에 걸어둘 수 있으면 좋겠다고 생각했다. 시행착오 끝에 유용한 독서대가 탄생했다."

이후 많은 사람들이 옷걸이 독서대를 사용했으면 좋겠다는 바람으로 유튜브에 올렸다. 전 세계 사람들의 칭찬 댓글이 이어졌고 〈생활의 달인〉, 〈스타킹〉 같은 방송 프로그램에 출연하며 일약 스타가 되었다.

그는 대학을 졸업하고 2년 동안 취직을 하지 않았다. 다른 사람들이 면접을 보러 다닐 때 염지홍은 새벽 6시부터 카페에 나가 신문을 읽고 노트북을 펼쳤다. 마음에 드는 기사가 있으면 스크랩하고 기자에게 이메일도 보내고 책도 읽었다. 당시 그는 서점에 나가면 양손 가득 책을 사 왔다. 돈이 없어도 책을 샀다. 우연히 만난 책을 놓치면 그로 인해 잡을 수 있는 기회도 놓칠 수 있다고 생각했다. 도서관에서 빌려서 읽을 수도 있었지만 굳이 책을 구입한 이유에 대해 이렇게 설명했다.

"책이 도서관에 있는 것과 집에 있는 것과는 물리적 거리가 다르다. 물리적 거리가 가까워 언제라도 볼 수 있는 곳에 있을 때 심리적으로도 가까워진다. 모두 다 읽을 수는 없었지만 많이 구입한 만큼 자신에게 도움 되는 책을 읽을 확률이 높아진다."

또한 염지홍은 많은 경험을 해 보라고 권한다. 실패의 경험이라도 좋은 약이 되기 때문이다. 경험을 하기 위해 돈이 부족하다는 핑계를 대지도 않았다. 남극 탐사에 참여하고 싶었을 때는 펀딩을 통해 2,000만 원을 모았고, 영국에서 석사 공부를 하기 위해 5,500만 원을 모아 꿈을 실현했다.

하루는 친구 집에 놀러 갔다가 친구 노트에 메모가 잘 정리된 것을 보고 자신도 노트를 사서 메모를 시작했다. 그는 다양한 아이디어들을 9년간 이 노트에 정리했다. 9년간의 기록이 담긴 9권의 노트를 책으로 출간하자는 제안도 받았다.

그리고 '머릿속의 상상을 현실로 끌어내는 것이 디자이너'라는 글

귀에 감동 받아 자신을 '열정 디자이너'로 브랜딩하고 디자인에 대해 깊이 공부하기 시작했다. 그는 사물을 자신의 방식대로 부숴 보는 것도 중요하다며 창조적 파괴를 강조한다. 창조적 파괴에서 아이디어가 얻어 진다는 것이다. 그는 "경쟁이라 생각하지 말고 '세상을 어떻게 활용할 수 있을까?', '이 연결점들을 어떻게 활용할 수 있을까?'를 고민하라"고 강조한다. 금방 사라져 버리는 생각들을 꾸준히 메모하고 다시 그것들을 활용하고 연결하여 나만의 생각을 만들어 내라고 조언하는 것이다.

상상력이 얼마나 큰 가치를 만들어 낼 수 있는지 잘 보여 주는 실례를 하나 더 들어보겠다.

2014년 구글은 실내온도조절장치 업체였던 '네스트'를 무려 3조 4,000억 원(32억 달러)에 인수했다. 이 회사는 애플의 아버지로 불리는 토니 파델Tony Fadell과 매트 로저스Matt Rogers가 2010년에 창업한 회사다. 실내온도조절장치는 손바닥 크기에 불과했지만 구글은 시장평가액보다 10배인 32억 달러를 주고 샀다. 구글은 왜 이 업체를 이렇게 비싼 가격에 인수했을까? 이 기기는 단순한 온도조절장치가 아니라 '지능과 통신 기능이 더해진 스마트 컨트롤러'이기 때문이다.

이 사례만 봐도 기발한 아이디어가 얼마나 엄청난 보상을 안겨주는지 알 수 있다. 디지털 경제에서는 창의적 아이디어를 가진 개인이나 집단이 더욱 중요한 자원으로 대우받게 될 것이다.

그렇다면 창의적인 아이디어는 어떻게 얻어낼 수 있을까? 어느 날 갑자기 하늘에서 뚝 떨어지듯이 새로운 것을 만들어 낼 수 있는 것은 아니다. 애플의 아이폰도 기존에 있는 기술들을 융합한 것이다. 스마트폰은 사진을 찍기 위해 들고 다녔던 디지털 카메라와 음악을 듣기 위해 사용하던 mp3플레이어를 합쳐서 하나로 만든 것이다.
아이디어를 창출할 수 있는 방법이 궁금하다면, 스티븐 존슨의 책 『탁월한 아이디어는 어디서 오는가』에서 들려주는 조언에 귀 기울여 볼 것을 권한다.

"푸앵카레가 말했듯이, 아이디어는 무리를 지어 나타난다. 아이디어는 보호보다 연결이 더 가치 있는 유동적 네트워크에서 생겨난다. (중략) 산책을 하라. 예감을 키워라. 모든 것을 메모하되 폴더는 엉망으로 놔두어라. 뜻밖의 발견을 포용하라. 생성 능력이 있는 실수를 하라. 여러 가지 취미활동을 하라. 커피하우스를 비롯한 유동적인 네트워크에 자주 가라. 링크를 따라가라. 다른 사람들이 당신의 아이디어

위에 새로운 아이디어를 만들게 하라. 빌리고, 재활용하고, 다시 만들어라. 복잡하게 뒤얽힌 바다를 만들어라."

3

인터넷과 모바일을
이용하라

2013년 새해 미국의 타임스퀘어에는 한국 노래가 울려 퍼졌다. 바로 싸이의 〈강남스타일〉이다. 그 전까지 싸이는 국내에서만 유명한 가수였다. 그러나 〈강남스타일〉로 33개 나라의 공식 음반 차트에서 1위를 차지했다. 〈강남스타일〉은 전 세계적으로 히트한 한국 최초의 대중음악이 됐다. 뮤직비디오는 유튜브에 업로드한 지 100일 만에 5억 뷰를 넘어섰고, 조회수 10억을 돌파한 한국 최초의 동영상이 되었다. 2014년 12월에는 조회수가 32비트 정수로 표현할 수 있는 숫자의 한계 값인 2,147,483,647을 초과해 유튜브에서 조회수 처리 시스템을 64비트 정수형으로 바꾸는 사상 초유의 조치를 취해야만 했다.

한 젊은이는 한 해 두 번이나 해고를 당하는 실직의 불운을 겪으면서 구직의 어려움에 대한 수천 편의 글을 쓰게 됐다. 이를 SNS에 올렸는데 기업에서 먼저 면접 제의를 하는 놀라운 일이 벌어졌다. 그는 이 경험을 바탕으로 구직자들을 위한 SNS 이용 전략을 담은 책 『SNS로 일자리 찾기』를 펴냈다. 자신의 경험과 지식으로 수입을 만들어냈으며 일자리를 창출했고 세계적으로도 유명해졌다. 이 이야기의 주인공은 바로 세계적으로 유명한 비즈니스 SNS인 링크드인LinkedIN의 설립자인 조슈아 월드먼이다.

링크드인 사용자 수는 전 세계적으로 2억 2,500만 명이 넘는다. 링크드인은 단순한 구인구직 채널이 아니다. 이곳에서는 자신의 직업을 바탕으로 필요한 인맥을 만들 수 있고 그들과 선택적 교류를 하며 전문적인 경력도 쌓을 수 있다. 키워드 하나로 필요한 회사나 인재와 관련된 정보를 얻을 수 있다. 구직자는 원하는 조건의 회사 채용 정보를 바로 확인할 수 있으며 그 직업에 종사하는 사람과 접촉할 수 있다. 조슈아는 링크드인과 같은 비즈니스 SNS가 전통적인 구인구직 방식을 대체하는 강력한 채널이 될 것이라고 말한다.

어떻게 이런 일들이 가능했을까?

20세기는 눈에 보이는 것 즉 자동차나 TV의 시대였다. 하지만 21세기는 눈에 보이지 않지만 무궁무진한 가치를 지닌 구글과 네이버의 시대다. 인터넷은 세계를 하나로 연결해 준다. 지금은 나의 상품을 전 세계 사람들을 대상으로 홍보하고 팔 수 있다. 카카오톡, 페이스북, 인스타그램, 블로그 등을 통해 우리의 일상을 전 세계 사람들과 공유한다. 다른 사람과 인터넷으로 소통하면서 알게 된 어마어마한 정보와 자료를 통해 새로운 아이디어와 영감도 얻을 수 있다. 이제는 인맥도 디지털 네트워크가 압도하는 추세다. 그러므로 미래 일자리는 디지털 세상에서 네트워크를 충분히 활용하여 나의 경험과 지식을 파는 것에서 찾을 수 있다.

인터넷의 발전에 이어 모바일의 등장은 우리 생활을 완전히 바꿔놓았다. 이는 『지금까지 없던 세상』이라는 책에서도 찾아볼 수 있다.

"1970년 미 국방부 주도로 시작된 인터넷은 시간과 공간의 제약을 뛰어넘어 지구촌 사람들을 연결시켰다. 하지만 인터넷의 관계망 확장은 한계를 갖고 있었다. 사람들은 인터넷에 접속하기 위해 사무실 책상이나 거실로 이동해 컴퓨터를 켜야 했다. 그리고 부팅이 되기까지 기다려야 했다. 하지만 모바일은 이런 불편을 일거에 해소시켰다. 이제 사람들은 모바일의 단추만 클릭하면 곧바로 지구촌의 모든 사람들과 실시간으로 소통할 수 있게 되었다. 우리는 한 개인이나 집단의 아이디어가 소셜 미디어를 통해 전 지구적으로 소통되고, 순식간에 상용화가 가능한 '초연결 사회'를 살고 있다. 개인이 유튜브에 올린 동영상은 전 지구적으로 공유된다. 모바일과 모바일이 태동시킨 소셜 미디어는 이 세상을 연결된 세상으로 변모시키고 있다. 모바일의 뛰어난 확장성은 실시간으로 전 세계를 하나로 연결시켰다. 이를 '연결된 사회' 혹은 '연결사회'라고 한다."

최근 국내 스마트폰 가입자 수가 4,000만 명을 넘어섰다. 스마트폰을 쓰지 않는 사람을 찾기가 더 어려울 정도다. 디지털 마케팅 전문 조사 기업인 이마케터Emarketer에 따르면 전 세계 스마트폰 유저는 2013년 13억 1,120만 명, 2015년에는 19억 1,460만 명에 이어 2016년에는 전 세계 인구의 약 1/4에 달하는 21억 5,500만 명을 돌파할 것이라는 전망을 내놓았다. 또한 2014년 중국은 처음으로 스마트폰 사용자가 5억 명을 넘었고 2016년과 2017년에는 인도와 미국의 스마트폰 사용자가 각각 2억 명을 돌파했으며 2018년에는 인도네시아의 스마트폰 사용자가 1억 명을 돌파할 것이라 예상했다.

스마트폰에서 시작되는 모바일의 위력은 상상을 초월하며 그로 인해 만들어지는 시장의 크기 또한 어마어마하다. 이제 여러분은 그 시장에 뛰어들 방법을 찾으면 된다.

　요즘 학생들은 스마트폰을 분신처럼 생각한다. 이렇게 애지중지
하는 스마트폰으로 무엇을 하고 있는가? 그저 친구들과 잡담을 나누
고 게임을 하는 용도로만 사용한다면 너무 아깝지 않은가? 세상을 향
해 나의 존재 가치를 알릴 수 있는 기기가 내 손에 들려져 있음을 인
식하자. 모바일의 거대한 힘을 생각하고 스마트폰으로 어떤 상품과
서비스를 만들어낼 수 있을까 생산자적인 관점에서 생각해보자. 당
장 블로그를 만들어서 운영해보는 것도 좋은 방법이 될 수 있다. 최
근에는 기업 채용에서 지원자들의 SNS까지도 평가한다고 알려져 있
다. 그러니 스마트폰을 내 꿈을 이루는 꿈폰으로 스마트하게 이용해
보라. 미래 변화의 키워드인 인터넷, 모바일은 여러분의 꿈을 펼칠 수
있는 더 넓은 세상임을 명심하자.

4

틈새시장에
답이 있다

중학교에 근무할 때 만난 한 학생은 친구들과 어울려 놀기 좋아했고 공부에는 관심이 없었다. 고등학교에 가서도 성적이 좋아지지 않아 진로에 대해 고민을 하게 되었다. 당시 자동차 정비를 했던 아버지로부터 자동차 정비 일을 권유받았지만 옷에 기름을 묻히고 엎드려기계만 들여다봐야 하는 일이 썩 마음에 들지 않았다고 한다. 그러나원서를 제출해야 하는 시기가 다가오자 결국 아버지의 권유를 따르는 것이 최선임을 알게 됐다. 그 시절 전문대학의 자동차 정비 학과는경쟁력이 높지 않은 편이라 합격할 수 있었다. 그리고 막상 대학에서정비를 배워보니 흥미도 생겼다고 했다. 처음에는 부모의 권유로 시작했지만 스스로 재미를 느끼고 열심히 해야 할 필요성을 느낀 것이다. 다른 친구들이 멋을 내고 술을 마시며 여학생들과 어울려 다니는 동안 그 학생은 성실하게 정비 기술을 익혔다. 졸업 후에는 부모님 가게에서 일도 시작했다.

일을 하게 되면서 정비소를 찾는 손님들이 가격 비교를 많이 한다는 것을 알게 됐고, 가격 경쟁 때문에 수입이 점점 줄어든다는 것을 깨달았다. 이를 어떻게 해결할 수 있을까 고민하다가 수입차 정비가 하나의 돌파구가 되지 않을까 생각하게 됐다. 당시는 수입차가 많지 않았지만 빠른 속도로 세계화가 진행되던 때라 수입차가 늘어날 것이라는 신문 기사를 읽은 적이 있었다. 목표가 생기자 잠을 줄여서 수입차 정비를 배웠다. 얼마 후 수도권 정비소는 이미 포화 상태라고 판단하고 부모님과 의논해 창원으로 정비소를 옮겼다. 지금은 늘어난 수입차 정비로 눈코 뜰 새 없다고 한다. "수입차는 수리비가 아주 비싸다, 수입차를 잘못 들이받으면 수리비가 몇천만 원 나온다."는 이야기를 주위에서 자주 듣는데, 수리비가 비싸다는 것은 정비소 입장에서는 큰 이익이 된다고 생각했다. 수입차를 타는 사람들은 시간을 금으로 여기기 때문에 빠른 수리를 요구해 새벽부터 일을 해야 하지만 무척 재미있다고 했다.

주위를 둘러보면 분명 기회가 있다. 그것을 발견하느냐 발견하지 못하느냐의 차이다. 그는 많은 사람들이 알아채지 못한 작은 틈새로 들어오는 빛을 발견했고 그것이 성공의 발판이 됐다.

틈새시장은 국내에만 있는 것이 아니다. 지구촌시대를 사는 여러 분은 세계 시장에도 관심을 기울여야 한다. 1980년대 초에 우리나라 는 중국과 국교 수립이 돼 있지 않았다. 당연히 교류도 많지 않았다. 그때 친구의 언니가 대만으로 유학을 떠난다는 말을 들었다. 주위 사 람들은 "중국어를 배워서 뭐에 쓰느냐, 취업 시험에서 중국어 능력을 요구하는 회사도 없는데 왜 굳이 그곳으로 가느냐, 차라리 일본으로 가야지." 하며 대부분은 이해가 되지 않는다는 반응이었다. 그러나 친 구의 언니는 이에 굴하지 않고 유학을 떠났다. 반면 내가 아는 많은 친 구들은 1980년대에 인기 있었던 일본어를 전공으로 택했다. 일본어를 전공하면 교사가 되기도 쉬웠고 회사에 취직도 잘됐기 때문이다.

그러나 시간이 흐르면서 예상하지 못했던 상황이 벌어졌다. 중국 이 문호를 개방하고 경제 발전에 박차를 가하기 시작했다. 우리나라 는 중국과의 교류가 확대되었고 중국어의 필요성이 부각되었다. 반 대로 일본 경제는 침체기에 접어들어 일본어의 인기는 식었다. 일본 어를 제2외국어로 선택하는 학생 수도 줄었고 당연히 교사 수요도 줄었다. 회사들도 마찬가지였다. 그래서 당시 일본어를 선택한 친구들은 경쟁력이 떨어져 취업에 어려움을 겪게 됐다. 지금 그 친구들 중 몇몇은 멀리 내다보지 못한 자신의 무지를 한탄하거나 혹은 용기를 내서 새로운 도전을 하지 못한 것을 아쉬워하고 있다. 반면 대만 유학을 택한 친구의 언니는 석사까지 마치고 돌아와 대기업에 취직했고 연봉도 나날이 높아지고 있다고 했다.

지금 당장 취직이 잘되고 사회적 수요가 많다고 해서 10년, 20년, 30년 후까지 그 직업이 안정적이고 내 생활을 보장할 것이라고 믿는 것은 위험하다.

그렇다면 세계 여러 나라 중 미래에 틈새시장이 될 만한 곳은 어디일까? 지금 사람들이 주목하고 있지 않지만 머지않아 여러분들이 사회에 나갔을 때 지금의 중국과 같은 위치에 서게 될 나라는 어디일까? 미래학자들은 가능성이 가장 큰 지역으로 아프리카를 꼽는다. 한때는 암흑의 대륙으로 알려졌지만 현재 아프리카는 아시아 다음으로 경제가 빠르게 성장하는 곳이다.

제임스 캔턴은 『퓨처 스마트』에서 아프리카에 대한 전망을 이렇게 설명하고 있다.

"2025년이나 그 전에 아프리카는 남미 지역과 비슷한 수준에 올라설 것이며, 어쩌면 남미 지역을 넘어설 수도 있다. (중략) 1980년 아프리카 인구의 단 28퍼센트만이 도시에 살았다. 오늘날에는 아프리카 인구 10억 명 중 40퍼센트가 도시에 거주한다. 이는 중국의 도시 거주자 비율과 비슷하고, 인도의 도시 거주자 비율보다 높다. 2025년에 이 비율은 50퍼센트까지 증가할 가능성이 있으며, 아프리카에서 가장 큰 20개 도시를 모두 합치면 1조 8,000억 달러가 넘는 소비력이 생성될 것이다. (중략) 세계은행은 현재와 같은 성장속도가 계속된다면 2025년까지 대부분의 아프리카 국민이 중산층 수준에 도달할 것이라고 전망한다. 아프리카에서 중산층이란 1인당 국민소득이 약 1,000달러에 달하는 수준이다. 현재 아프리카의 경제 성장률은 5.6퍼센트로 세계에서 가장 빠르며 GDP는 2023년까지 연평균 6퍼센트를 넘을 것으로 예상된다."

틈새시장은 누구에게나 쉽게 눈에 띄는 큰 시장이 아니다. 관심을 갖고 들여다봐야만 찾을 수 있는 귀하고 희박한 기회다. 그래서 일단 진입하면 큰 기회를 잡을 수 있다. 그러기 위해서는 많은 사람들이 가는 방향의 반대쪽을 바라볼 줄 알아야 한다. 그것이 남들이 발견하지 못하는 보석을 발견하는 방법이 될 수 있다.

5

좌뇌와 우뇌의 균형을 갖춘
종합적 인재가 되어라

트렌드trend란 추세, 흐름, 유행을 의미한다. 직업의 트렌드를 알기 위해서는 시대의 흐름을 먼저 알아야 한다. 최고의 미래학자로 평가받고 있는 다니엘 핑크의 책 『새로운 미래가 온다』에서는 시대의 흐름을 이렇게 설명하고 있다.

제1막은 산업화 시대로 19세기를 말한다. 대형 공장과 효율적인 조립 라인들이 경제에 활력을 불어넣었으며 육체적인 힘과 강인한 체력이 뒷받침된 생산근로자들이 주역이었다.
제2막은 정보화 시대로 20세기에 해당한다. 미국을 비롯한 몇몇

나라들이 부상하며 정보와 지식이 세계경제의 원동력으로 떠올랐다. 논리적이고 분석적인 컴퓨터와 같은 추론 방식에 편안함을 느끼는 좌뇌형 인재, 지식근로자들이 중심인물이었다.

제3막은 하이컨셉·하이터치 시대인 21세기이다. 물질적으로 풍요로워지고 화이트칼라 업무의 자동화 같은 기술 발전으로 많은 양의 일상 업무, 좌뇌 업무가 노동력이 저렴한 아시아로 이전되고 있다. 이에 선진국 근로자들은 해외로 이전될 수 없는 새로운 업무처리 능력을 개발하게끔 압박을 받고 있다.

21세기는 아름다움을 표현할 수 있는 창작자와 다른 사람에게 감정적인 공감을 이끌어낼 수 있는 능력의 소유자들을 요구한다. 우뇌형 사고를 지닌 인재를 요구하는 시대가 됐다. 즉 하이컨셉과 하이터치 형 인간을 요구하는 것이다.

하이컨셉은 예술적·감성적 아름다움을 창조하는 능력을 말한다. 이는 트렌드와 기회를 감지하는 능력, 훌륭한 스토리를 만들어내는 능력, 언뜻 관계가 없어 보이는 아이디어들을 결합해 뛰어난 발명품으로 만들어내는 능력이다. 하이터치는 다른 사람과 공감하고, 미묘한 인간관계를 잘 다루며, 자신과 다른 사람의 즐거움을 잘 유도해내고 이를 추구하는 능력과 관련이 있다.

또한 다니엘 핑크는 이런 시대의 흐름에 맞추어 무엇을 준비해야 하는지에 대한 해답으로 새로운 시대에 필요한 재능을 여섯 가지로 설명하고 있다.

첫째, '디자인'이다. 단순히 기능이나 제품 서비스만으로는 충분하지 않다. 아름답거나 감정을 느끼게 할 수 있어야 가치를 인정받을 수 있다.

둘째, '스토리'가 있어야 한다. 우리 시대는 정보와 데이터가 넘쳐나고 있기에 강력한 메시지만으로는 부족하다. 설득, 의사소통, 자기 이해를 바탕으로 훌륭한 스토리를 만들어낼 수 있어야 한다.

셋째, '조화'를 이루어야 한다. 산업화와 정보화 시대에는 집중과 전문화가 요구되었다. 이제는 작은 부분들을 연결하고 통합하는 능력, 전체를 구성하기 위해 이질적인 조각들을 서로 결합하는 능력이 요구된다.

넷째, '공감'이 있어야 한다. 정보가 풍부하고 분석적인 도구가 발전한 시대를 살며 경쟁력을 갖추려면 공감이 필요하다. 다른 사람의 마음을 이해하고 배려하며 유대를 강화할 수 있어야 한다.

다섯째, '유희'가 필요하다. 웃음, 명랑함, 게임, 유머가 건강이나 사회적 성공에 커다란 도움이 된다는 사실들이 입증되었다.

여섯째, '의미'를 찾아야 한다. 기술이 쏟아내는 무한한 데이터 속에서 삶의 우선순위를 재정립하고 삶의 의미를 찾을 수 있어야 한다. 정신적인 가치와 만족감을 추구할 수 있는 능력이 필요하다.

미래는 '좌뇌'가 뛰어난 사람이 몰락하고 '우뇌'가 뛰어난 사람이 승승장구하는 이원적인 세계가 아니라 양쪽 뇌를 모두 활용하는 새로운 사고가 요구되는 시대라고 할 수 있다. 이제 여러분이 무엇을 준비해야 하는지 알게 됐을 것이다. 교과목 공부만큼 친구들과 잘 놀고 다양한 경험을 하는 것이 아주 중요하다는 것을 알게 되었을 것이다. 학교에서 실시하는 체험학습도 다양한 경험의 기회로 여기고 적극 참여하자. 방학 때는 학과 공부를 보충하는 틈틈이 친구들과 캠핑도 가고 전시회나 음악회 등 문화 예술 체험도 해 보자.

GM의 로버츠 루츠Robert Luts 부회장은 〈뉴욕타임즈〉와의 인터뷰에서 "앞으로는 우뇌적인 접근법을 좀 더 사용할 것입니다. 자동차란 엔터테인먼트이자 움직이는 조각품인 동시에 수송 수단의 역할을 하기도 합니다."라고 말했다. 산업화 시대를 대표하는 자동차 산업에서도 예술적 가치를 추구하는 시대가 된 것이다.

우리나라에서도 마찬가지다. 2008년 9월 기아차는 최초로 시장점

유율 30%를 넘겼고 K시리즈는 대표 브랜드가 되었다. 사람들은 단순히 K시리즈라는 차를 구입한 것이 아니다. 세계 자동차 산업 디자인의 거장인 피터슈라이어의 작품을 구입한 것이다.

미래 사회를 살아가게 될 여러분들은 좌뇌와 우뇌를 균형 있게 발전시키기 위해 노력해야 한다. 어느 한쪽에 치우치지 않고 뇌의 모든 영역을 골고루 발달시켜야 종합적인 사고가 가능하며 창의적인 인재로 성장할 수 있다. 미래 주역이 될 인재의 핵심역량이 어떤 것인지 다시 한 번 되새기며 미래를 준비하자.

6

평생직장과
꿈의 직업은 없다

　　얼마 전에 지인을 만나기 위해 서울 근교 공장 지대를 간 일이 있었다. 주차할 곳이 없어 공장 마당에 주차를 하게 되었다. 공장 앞이라 관리인이 나와 주차를 못 하게 하면 어쩌나 걱정했는데 다행히도 공장은 문을 닫은 상태였다. 그 공장은 스마트폰 부품을 생산하는 곳이었다. 스마트폰이 처음 출시되고 판매가 활성화됐을 때는 야간작업까지 해야 할 정도로 일이 많았다고 한다. 중소기업이기는 했지만 대기업 협력 업체로 납품해야 할 물량이 늘 확보된 상태였다. 직원들은 높은 임금에 보너스까지 받으며 주위 사람들의 부러움을 받았다고 한다. 그런데 지금은 생산단가를 낮추기 위해 공장을 베트남으로 옮긴 상태였다. 존폐 위기 앞에서 회사를 키우기 위해 야근까지 마다하지 않고 일했던 직원들을 위해 회사는 아무것도 해줄 수 없었던 것이다.

이코노미스트 1308호(2015.11.02)에는 이런 기사가 실렸다. "전국경제인연합회가 30대 그룹을 대상으로 올해 신규 채용 계획을 조사한 결과 12만 1,801명을 채용할 계획으로 나타났다. 지난해보다 6.3%인 8,188명이 줄어든 수치다. 30대 그룹에서 올해 신규 채용의 비중을 늘린 기업은 7곳에 불과했다. 지난해 신규 채용도 2013년 14만 4,501명보다 10% 줄어든 12만 9,989명을 기록했다. 30대 그룹의 신규 채용이 2년 연속 줄었다."

쉽게 말해 기업의 성장이 지속되고 매출이 확대되더라도 고용하는 직원 수가 비례해서 증가하지 않는다는 것이다. 인건비 부담으로 고용을 크게 줄이거나 인건비가 상대적으로 낮은 해외로 공장을 이전하는 기업이 늘어나기 때문이다.

이런 상황은 앞으로 점점 더 가속화될 것이다. '신의 직장'이라고 불리는 곳에서조차 정년이 보장되지 않고 신규 채용도 더 이상 늘어나지 않고 있다는 기사들을 어렵지 않게 찾아볼 수 있다. 국내에 들어오는 외국인 노동자들의 확대도 내국인의 고용에 영향을 미치고 있다. 상대적으로 저렴한 인건비에 고용이 가능한 외국인 노동자들을 기업이 선호하면서 내국인 고용 시장이 위축되고 있는 것이다.

신규 채용 감소에는 로봇을 이용한 자동화 추진도 영향을 줄 것이다. 로봇 기술은 앞으로 더욱 발전해 상당히 많은 분야를 장악하고 다양한 인력을 대체할 수 있을 것이다. 또한 2045년이 되면 '애완로봇'이 1,000만 대를 돌파하고 많은 가정이나 기업에서 로봇의 사용이 일반화될 것이다. 현재도 교육이나 청소, 안내, 경호, 치료와 재활, 자동차 등의 분야에서 다양하게 로봇이 사용되고 있으며 앞으로 로봇의 영역은 점점 확대될 것이다. 이런 변화로 인해 인간의 최소 고용 비율을 의무화할 것이라는 전망까지 나오고 있다.

기업의 수명이 점점 줄어들고 있는 것 역시 고용 시장 위축에 영향을 주고 있다.

2016년 8월 1일자 조선일보에는 다음과 같은 기사가 실렸다.

"기업들이 변화에 빠르게 대처하지 않으면 우량 기업의 수명도 약 8년(100개월)에 그칠 것이라고 내다봤다. 대한상공회의소가 1일 국내 2,400여 개 제조업체를 대상으로 저성장 시대 대응전략을 조사한 결과, 응답 기업의 절반인 49.9%가 "지금 수익원은 사양화 단계"라고 답했다고 밝혔다. 대내외 환경변화에 대처하지 않으면 회사의 생명력이 얼마나 유지될지 묻는 질문에는 평균 8.4년이라고 답했다. 업종별로는 시장 변화가 빠른 전자업종이 6.5년으로 가장 짧았고 자동차(8년), 기계·철강(9년), 정유(10년), 섬유(15.9년)가 뒤를 이었다."

아직도 평생 고용이 보장되는 안정적인 직장에 대한 선호도가 높은 것이 사실이다. 그러나 시대 상황이 말해주듯이 누구나 선호하는 안정적인 '꿈의 직장'과 입사해서 오래 일할 수 있는 '평생직장'은 이제 서서히 사라지고 있다. 불안정하고 위축된 기업과 고용 시장의 변화에 대비해야 한다.

어떤 직장을 구할 것인가, 어떤 직장에 몸담고 있는가보다 더 중요한 것은 '내 일'을 얼마나 전문적으로 해낼 수 있는가 하는 것이다. 누구도 쉽게 따라할 수 없는 경쟁력 있는 기술을 갖고 있다면 직장에 얽매이지 않아도 된다. 그런 사람이 최후의 승자가 되는 것이다.

지난 주말, 가까운 산에 약수를 받으러 갔다. 주말이라 등산하는 사람들이 많았고 약수터에도 긴 줄이 늘어섰다. 물을 받는 사람을 유심히 보니 제각각이었다. 체격이 우람한 청년 하나는 들고 온 병을 수도꼭지 아래에 놓고 물이 다 받아지자 뚜껑을 닫고 또 다른 빈 병의 뚜껑을 열고 약간의 물을 받아 병을 헹군 후 물을 받았다. 그렇게 10병을 받았고 시간도 꽤 많이 걸렸다. 중학생 남자 아이 하나는 갖고 온 병의 뚜껑을 모두 열어 옆으로 나란히 세워 두었다. 그리고 병 하나에 물이 차면 얼른 바로 옆에 있던 병을 수도꼭지 아래로 옮겼고, 물을 받는 동안 이미 물을 채운 병의 뚜껑을 닫으며 시간을 절약했다. 눈 깜짝할 새 물을 다 받고는 자전거를 타고 유유히 사라지는 뒷모습을 보니 대견했다. 사소한 부분이었지만 그것만 봐도 '나중에 어떤 일이든 잘하겠구나!' 하는 생각이 들었다.

여러분의 미래를 국가나 회사에 맡기면 안전하던 시대는 끝났다. 부단히 나만의 경쟁력을 키우는 데 관심을 기울여야 한다. 지금 당장 특정 분야의 경쟁력을 키우기는 힘들겠지만 일상생활에서 사소한 것부터 보다 효율적으로 잘해낼 수 있는 방법을 고민하면서 나만의 경쟁력을 키워보자. 평상시 무의식적으로 하는 일도 시간과 노력을 줄일 수 있는 방법을 연구해 보자. 수업을 좀 더 효과적으로 듣고 오래 기억하는 방법, 과목별 공부를 효율적으로 할 수 있는 방법 등을 생각해보는 것도 도움이 될 것이다. 앞으로 여러분들이 살아갈 사회에서는 공감과 배려를 기반으로 한 인간관계도 중요시된다. 그렇기 때문에 친구관계가 생각대로 잘되지 않는다면 인간관계를 잘 유지하기 위한 나만의 방법을 찾아보는 것은 어떨까. 이런 노력들이 쌓이면 누구도 넘볼 수 없는 나만의 경쟁력이 될 수 있다.

7

컴퓨터가
할 수 없는 일을 찾아라

2016년 3월 9일 세계적인 대결이 시작됐다. 바로 구글 딥마인드가 개발한 인공지능 바둑프로그램인 알파고와 세계적인 바둑기사 이세돌 9단과의 대국이 있었다. 결과는 4:1로 인공지능이 인간을 꺾었다. 이를 본 사람들은 정보 혁명 이후 수많은 일자리가 없어졌듯이 이제는 인공지능으로 인해 수많은 직업이 사라질지도 모른다는 우려의 목소리를 내기도 했다.

하지만 한편으로 이는 또 다른 기회가 될 수도 있다. 언제나 기회는 위기 속에 숨어 있기 때문이다. 알파고는 인간이 문제를 정의해 주지 않으면 풀 수가 없다. 문제를 푸는 방식에서는 인간보다 우위에 있을 수 있으나 수행 범위는 언제나 인간이 선택해 주는 영역에 국한된다. 알파고가 인간을 넘어설 수 없는 부분은 분명 존재한다. 또한 알파고가 가질 수 없는 부분에 집중해서 능력과 기술을 개발하면 되지 않겠는가. 이세돌 9단은 중앙일보와의 인터뷰에서 "알파고의 한계는 바둑을 두고 있으면서도 인지를 하지 못하는 데 있는 것 같다. 인간은 대국을 할 때 심리적 동요가 있어서 정답을 아는 데도 다른 수를 두는 경우가 있지만 알파고는 심리적 동요가 전혀 없어 힘들었다."고 말했다.

대국에서는 이런 점이 불리하게 작용했지만 이를 뒤집어 생각하면 인공지능 시대에 우리가 무엇에 집중해야 하는지 알 수 있다. 문제해결능력을 요구하는 직업보다는 개인의 창의적인 생각과 경험을 발휘할 수 있는 직업에 관심을 기울여야 한다.

그렇다면 여러분이 직업을 고려할 때 어떤 분야에 관심을 갖는 것이 좋을까? 인간의 창의력이 가장 많이 요구되는 창작 분야를 꼽을 수 있을 것이다.

'해리포터' 시리즈의 작가 조앤 K. 롤링Joan K. Rowling은 포브스가 선정한 '2007년 가장 많은 돈을 번 작가'로 그녀가 2006년 벌어들인 돈은 1억 6,000만 파운드였다. 영국 여왕보다 재산이 많다고도 알려졌다.

그녀는 20대 초반, 어머니의 죽음으로 힘든 시간을 겪었다. 돌파구를 찾기 위해 고향인 영국에서 포르투칼로 건너갔고 그곳에서 영어 교사로 일하며 결혼하게 된다. 그러나 2년 만에 이혼하고 무일푼으로 다시 고향 영국으로 돌아온 싱글맘이었다. 28세의 나이로 아이와 단 둘이 정부보조금으로 살아가게 되었다. 아이 분유를 살 돈이 없어 물을 먹일 때도 있었다. 당시 비참한 생활에 모멸감을 느꼈을 정도라고 회고했을 만큼 힘든 상황에서도 작가의 꿈을 포기하지 않고 틈틈이 소설을 썼다. 피나는 노력 끝에 마침내 1990년 『해리포터와 마법사의 돌』을 완성했다. 하지만 여러 대형출판사에서 재차 거절을 당하며 아동서로는 돈을 벌지 못한다는 말까지 들어야 했다. 그럼에도 포기하지 않고 노력하자 차츰 관심을 갖는 출판사들이 생겨나기 시작했고 신인 작가에 불과했던 그녀는 10만 달러(당시 1억)를 선인세로 받는 파격적인 계약을 따낼 수 있었다.

이후 '해리포터 신드롬'이라는 말이 생겨날 정도로 폭발적인 인기를 끌었다. 맨체스터에 새로 이사할 집을 알아보고 런던으로 돌아오는 길에 기차 고장으로 시골 역에서 4시간여 동안 기다려야 했는데, 그 시간 상상한 것들에서 탄생한 해리포터 시리즈는 전 세계 135개국에서 출간되었다. 2011년 기준으로 67개 언어로 번역되었고 8편으로 이루어진 영화 시리즈는 누적수입이 70억 달러로 추정된다. 대단하지 않은가? 이것이 바로 창작의 힘이다.

창작의 매력은 자본이나 시설, 인력 없이 혼자서도 할 수 있다는 것이다. 어떠한 상황에서도 도전해 볼 수 있는 직업인 셈이다. 자신의 경험과 지식, 살아온 이야기는 많은 사람들에게 또 다른 간접경험의 기회를 줄 수 있으며, 동기부여가 되기도 한다. 예전에는 대학교수나 한 분야에서 전문가로 인정받은 사람들이 주로 책을 썼다. 그러나 지금은 개인의 경험이 가치 있는 것이 되었고 콘텐츠가 되는 시대다.

2016년 5월에 오픈한 신세계면세점 명동점은 K팝 최고 스타인 빅뱅의 지드래곤 덕분에 중국 및 일본 관광객들에게 인기 있는 매장으로 자리매김할 수 있었다. 지드래곤 캐릭터 인형은 매장 오픈 2주 만에 완판을 기록했다. 빅뱅의 소속사인 YG엔터테인먼트와 함께 만든 기획 매장인 'YG스토어'는 YG 소속 연예인과 관련된 상품을 판매하며 중국 및 일본 관광객 유치에 핵심적인 역할을 해냈다.

〈K팝 월드투어〉를 성공시키면서 K팝을 전 세계로 확장시킨 주역이자 대한민국 최고의 콘텐츠 플랫포머로 통하는 전진국은 『콘텐츠로 세상을 지배하라』라는 책에서 콘텐츠를 이렇게 설명한다. "아이디어 단계에서 마감되어 버린 생각은 가치가 없다. 생각을 구상 단계에서 멈추지 않고 확장하여 만든 것이 콘텐츠다."

지금까지는 생산 수단을 소유한 일부 사람들이 부를 독식하기에 유리한 사회구조였지만 이제는 콘텐츠를 가진 사람이라면 누구라도 기회를 잡고 부를 획득할 수 있는 사회가 됐다. 전진국은 〈K팝 월드 투어〉로 전 세계 20여만 명을 사로잡음으로써 콘텐츠의 힘이 무엇인지 보여줬다.

잘 만들어진 콘텐츠는 무한대로 부를 창출한다. 자신의 경험과 지식을 콘텐츠로 가진 사람들은 그것을 책으로 출판해서 많은 사람들과 공유한다. 즉 그들이 가진 지식 자산을 판매하는 것이다. 책은 저자가 잠을 자는 시간에도 끊임없이 판매되고 인세는 저자의 통장으로 들어간다. 책에서 그치지 않고 책에 담긴 콘텐츠를 이용해 강연가나 상담가로 활동하는 사람도 많다. 책을 기반으로 무한한 수입을 창출해내는 것이다.

'어떻게 되겠지' 하는 막연한 기대는 미래의 재난이 될 수 있다. 인공 지능 시대에 컴퓨터가 할 수 없는 것, 바로 '창의적인 콘텐츠'로 미래를 개척해야 할 것이다. 남다르게 생각해서 새로운 것을 만들어내고 그것을 콘텐츠로 발전시켜 많은 사람들과 공유하려는 시도와 노력이 필요하다.

나도 다른 사람들처럼,
어떤 어려움도 이겨낼 수 있어요!

예쁜 얼굴의 미숙이는 늘 날카로운 표정으로 혼자 앉아 있었다. 아이들은 감히 누구도 말을 붙이지 못했다. 자리 배치를 할 때마다 분단의 맨 끝에 혼자 앉기를 원했다. 키도 컸기에 그렇게 해야 다른 아이들 시야를 가리지 않을 것 같아서 원하는 대로 앉게 해주었다.

미숙이는 아침 자습시간에도 자주 늦었고 교과서는 아예 쳐다보지도 않았다. 어느 날 늦게 온 미숙이의 손에는 빨간 매니큐어가 발라져 있었다(2000년대 초 당시에는 교칙에 어긋나는 일이었다). 그 자리에서 야단을 치면 안 될 것 같았다. 고민 끝에 투명 매니큐어를 하나 사서 예쁜 선물 포장을 해서 쪽지와 함께 주었다. 꼭 집에 가서 풀어 보라는 당부를 하며. 강요하는 걸로 받아들일지 몰라 다음 날 바로 미숙이의 손을 살펴보지는 않았다. 며칠 후 과제 검사를 하면서 슬쩍 미숙이의 손을 보니 빨간 매니큐어 대신 투명 매니큐어가 칠해져 있었다. 말은 하지 않았지만 무척 고마웠다.

상담을 해 보니 미숙이는 지금 집안 형편이 말이 아니라고 했다. 아버지의 사업이 망하는 바람에 아버지와 어머니는 거의 매일 싸우고 이제는 이혼할 것 같다며 이런 상황에서 무슨 공부를 할 수 있겠느냐고 항변했다. 부모님도 자신의 존재는 아랑곳하지 않으니 선생님도 그냥 내버려 두라고 했다. 그러나 상담을 계속해 보니, 지금 상황이 나빠서 일시적으로 방황하고 있을 뿐 본성은 착하고 성실한 학생임을 알 수 있었다. 그래서 쪽지를 통해 "너 자신을 하잘것없는 사람으로 생각하지 말고, 세상에 하나밖에 없는 귀한 존재라 여기길 바란다."고 전했다. 또한 "부모님의 불화가 신경 쓰이겠지만 그것이 너의 앞길을 가로막게 해서는 안 된다, 5년 후 네가 어디에서 무엇을 하고 싶은지 잘 생각해보고 오늘 어떻게 해야 하는지 생각해보라."고 말했다.

그렇게 중학교를 졸업한 미숙이는 고등학생이 된 후 스승의 날 다른 학생들과 함께 학교에 찾아왔다. 그런데 중학교 때와는 다르게 아주 의젓해져 있었다. 피자를 다 먹자 제일 먼저 일어나 포장지를 펴서 깔끔하게 정리하더니 교실 한편에 두었다. 돌아갈 때 자신이 분리수거함에 버리겠다고 했다. 청소도 제대로 하지 않고 도망 갔던 아이가 맞나 하는 생각이 들면서 감동이 밀려왔다.

지금의 상황만 따지는 게 아니라, 멀리 내다보고 어떤 사람이 되고 싶은지 생각해 보라는 나의 조언을 듣고 자신의 미래에 대해 늘 생각해보았다고 했다. 미숙이는 매일 부부싸움을 하는 부모님의 딸로서 계속 살 것이 아니라, 일찍 독립한 후 유치원 선생님이 되고 싶다고 했다. 전문직을 가진 멋진 여자로 살고 싶다는 결론이었다. 그렇게 자신을 미래의 유치원 선생님이 될 사람으로 규정하고 나니 꼭 대학 입학시험에 합격해야 한다는 것을 알게 되었고 정신이 번쩍 들었다고 한다. 이제 두 분은 이혼을 했고, 현재는 어머니와 함께 살고 있지만 더 이상 가정환경에 큰 신경 쓰지 않고 공부에 전념하고 있다고 했다.

가정의 불화만큼 여러분에게 큰 상처가 되는 일은 없다는 사실을 잘 알고 있다. 지금 당장 그 힘겨운 경험을 견디라고 말하지 않겠다. 하지만 여러분은 모두 그러한 시련을 이겨낼 힘을 가지고 있다. '이제 겨우 중고등학생인 내가 뭘 할 수 있겠어!'가 아니라, '겨우 중고등 학생이지만 나는 할 수 있어!'라고 생각해 보자. 성인이 되어 지금을 돌아봤을 때 '아, 정말 내가 잘 견뎌냈구나!'라고 스스로를 칭찬해 줄 수 있을 만큼 현재를 열심히 살아가자.

자신을 돌봐주고 믿어줄 사람이 없다면 자기 자신이라도 스스로를 믿고 돌봐야 한다. 그리고 여러분은 충분히 그렇게 할 수 있다.

66

생각이 있고 자신을 아는 사람 한 명은, 생각이 없거나
자신을 모르는 사람을 열 명 상대해도 항상 이길 수 있다.

– 조지 버나드 쇼

99

5부

'직장인'이 아닌
'직업인'이 되어라

1

취직은
목표가 될 수 없다

고용이란 무엇인가? 사전적 의미로는 '기업이 급료를 지불하고 근로자를 취업시키는 일'이다. 또 다른 의미로는 어느 한쪽이 상대방이 원하는 특정한 활동을 해주고 상대방은 이에 대하여 보수를 지급하는 사회적 관계이다.

아주 어릴 때부터 우리는 좋은 일자리를 얻는 데 초점을 맞추고 공부를 한다. 학교에서 높은 성적을 받기 위해 노력하고, 스펙 쌓기에 총력을 기울이는 것이 모두 좋은 직장에 들어가기 위해서다. 그리고 직장에서 받는 급여로 생활을 한다. 집을 사고 결혼을 하고 자식을 교육시키고 노후를 대비한다. 이는 다른 나라도 마찬가지다. 대부분이 비슷한 삶을 영위한다. 우리나라의 경우 국민의 85% 가량이 기업이나 공공 기관 등에서 급여를 받으며 일한다. 경영학자인 피터 드러커는 이처럼 사회 구성원의 절대 다수가 기업이나 공공기관의 조직 구성원으로 일하는 사회를 가리켜 '고용사회'라고 명명했다.

금융 및 경제 교육 전문 기업인 버핏연구소 이민주 소장의 『지금까지 없던 세상』을 살펴보면 우리나라가 어떤 과정을 거쳐 고용사회가 되었는지 알 수 있다.

한국 최초의 공채는 1963년 제일제당이 실시했다. 선발된 27명은 삼성그룹 공채 1기가 됐다. 이전까지만 해도 대학 졸업자가 일자리를 구하려면 사법고시에 합격해 판사가 되거나 행정고시에 합격해 관료가 되어야 했다. 그러나 당시 정부는 수출 중심의 산업자본이 우리나라 발전의 기틀이 된다고 생각해 기업을 늘렸고 일자리가 창출되면서 고용사회로 진입하게 되었다.

본격적인 고용사회는 제3차 경제개발 5개년 계획(1972~76)이 실시되면서 열렸다. 1987~1996년까지 9년 동안 일자리는 해마다 50만 개씩 늘었다. 1996년 고용률은 최고치인 61%에 육박했다. 1980~1990년대 한국은 소수의 대기업이 과점 체제를 형성했기 때문에 종신고용이 보장된 안정적인 고용사회였다.

하지만 1990년대 중반 제조업 중심에서 유통 중심으로 산업이 변화하면서 가격 경쟁이 치열해졌고 인건비를 줄여야 했다. 당연히 기업은 직원을 줄이고 사람들은 일자리를 잃게 됐다. 1997년 IMF가 발생하면서 고용사회는 파괴된다. 30대 그룹 절반이 사라지거나 법정관리에 들어갔다. 1998년~2000년 사이 30대 그룹과 공기업은 노동자 149만 명 중 28%에 해당하는 42만 명을 해직시켰다. 이제 더 이상 명예퇴직이나 희망퇴직은 낯선 단어가 아니며 청년실업도 해마다 증가하고 있다.

이제 안정적인 고용사회는 무너졌다. 직장을 목표로 삼는 것은 더 이상 내 미래의 대비책이 될 수 없다. 대안을 모색해야 한다.

내가 자주 찾는 단골 미용실이 있는데, 제자가 운영하는 곳이다. 시내 중심가에 위치한 것은 아니지만 사람들이 예약을 하고 찾아올 만큼 제자는 실력을 인정받는 재야의 고수이기도 하다. 최신 기술로 젊은이들의 스타일과 성향을 잘 파악하고 머리를 만져준다. 손재주와 기술만 좋은 것도 아니다. 손님 응대 서비스가 성공의 요인인 듯했다. 손님의 사소한 요구 사항도 최대한 들어주려고 늘 노력했고 이유

없는 손님의 불만이나 불평에도 항상 경청하는 태도를 보였다. 손님의 말에 공감하고 배려하는 능력도 탁월했는데, 이 모든 것들이 손님을 끌었다.

남들이 부러워할 만한 길만 따라 걸었다면 제자의 이런 성공은 없었을지 모른다. 제자는 고등학교 2학년 때 진로에 대해 뒤늦게 고민을 시작했다. 성적이 중위권에도 들지 못했고 공부에 별 관심이 없어서 갑자기 성적을 끌어올리기도 불가능했다. 결국 미용실을 하는 어머니의 권유에 따라 수업을 마치고 미용학원에 다녔다. 자격증을 취득한 후에는 중심가에 있는 유명 미용실에서 아르바이트를 하며 경험을 쌓았다. 그리고 전문대학교에서 헤어 뷰티를 전공했다. 졸업 후에도 열심히 미용실에서 일했고, 거기서 안주하지 않고 좀 더 경쟁력을 키우고자 일본 미용학교에 입학했다. 공부를 마치고 어머니 가게에서 3년을 일한 후 일본에서 일하면서 번 돈을 보태 자신의 가게를 차렸다.

스스로 돈을 벌어 자신의 일터를 마련하고 그 일에 만족하며 행복하게 사는 제자를 만나고 온 날에는 나도 기분이 좋다. 제자는 일본어 공부를 더 열심히 해서 일본으로 건너가 일할 계획도 갖고 있다고 했다. 앞으로는 이처럼 좋은 직장에 들어가겠다는 목표로 성적을 높이기 위해 애쓰는 젊은이보다는 자신만의 경쟁력을 찾아 자신만의 일터를 만들어가는 젊은이들이 점점 많아질 것이다.

회사를 나와 혼자 사업을 하거나 취업을 하지 않고 처음부터 직접 창업을 하는 사람이 증가하고 있다. 이렇게 1인이 운영하는 기업을 '1인 기업'이라고 한다.

서울에서 행복화실을 운영하고 있는 정진호 대표는 1인 기업으로 성공한 사례라고 할 수 있다. IT 개발자로 16년간 직장생활을 하였으나 그림에 반해서 직장생활을 마감하고 1인 기업 J비주얼스쿨의 대표가 되었다.

그는 출장을 다녀오는 길에 공항에서 비행기를 그리는 한 예술가를 만나게 된다. 그림을 한 번도 배운 적이 없는 비전공자였던 그는 예술가의 모습을 본 순간 마음 저 깊은 곳에 숨어있던 그림에 대한 욕망을 발견하고 노트와 펜 한 자루로 그림을 그리기 시작했다. 공대 출신으로 당시 직장생활을 하고 있던 정진호 대표는 2년 가까이 거의 매일 그림을 그리면서 찾고 깨달은 것들을 마치 일기를 쓰듯 하나하나 기록했다. 이것을 토대로 일상에서 만나는 친근한 것들을 쉽고 재미있게 그릴 수 있는 방법과 처음 그림을 그리는 사람들을 위해 초보자도 지치지 않고 매일매일 행복하게 그림을 그릴 수 있는 방법, 일상 예술가가 될 때까지 단계별로 하나씩 따라 그릴 수 있는 방법까지 담아 『철들고 그림 그리다』를 출간했다. 그뿐만 아니라 일상생활에서 그림을 그리며 행복하게 살고 싶은 사람들을 위해 '행복화실'을 열었고, 틈틈이 그린 그림으로 전시회를 열면 그의 작품은 완판되었다. 마음이 움직이는 일을 찾아서 창업으로 연결시켜서 성공을 거둔 것이다.

이제는 일자리를 얻기 위해 반드시 '회사에 고용되어야 한다.'는 생각에서 점차 벗어나야 할 때이다. 스스로 일자리를 창출하는 '1인 창업, 1인 기업'이 더욱더 증가할 것이다. 미래는 직장인보다는 자신의 아이디어와 능력을 기반으로 하는 창업가에게 더 많은 기회가 주어지는 세상이 될 것이다.

2

아이디어가
직업을 만든다

"태평양 연안 캘리포니아의 샌프란시스코만 남쪽에 위치한 실리콘밸리는 미국의 첨단 기술을 상징하는 지역이다. 실리콘밸리를 보면 향후 10년 내 세상이 어떻게 변화할지 파악할 수 있는데, 현재 실리콘밸리의 80%를 차지하는 것이 바로 1인 기업이다.

더구나 현재 추세로 2020년이 되면 대기업이 붕괴되기 시작해 2030년이면 대개 소멸될 것이고, 3D프린트로 인해 음식, 패션을 비롯한 유통, 건설, 제조업은 와해될 것이라 전망된다. 이러한 지각 변동은 이미 세계 곳곳에서 감지되고 있다.

작고 빠른 스타트업들이 혁신을 무기로 대기업의 제품이나 서비스를 해체하는 언번들링 현상도 진행 중이다. 미국의 백화점식 대형 은행들도 스타트업에게 공격을 당하고 있다. 이렇게 대기업이 붕괴하고 나면 미래 사회에는 1인 기업이 전체의 90%를 차지할 것이다."

─『학력파괴자들』 중에서

좋은 회사가 좋은 일자리가 되는 시대는 서서히 막을 내리고 있다. 미래학자 토마스 프레이는 "지금 우선순위는 메이커 무브먼트(Maker Movement: 창업운동)에 있다."고 했다. 기존의 일자리와 일거리가 사라지기 때문에 좋은 회사 취직을 목표로 독서실이나 고시원에서 몇 년씩 공부하는 대신 내가 나를 고용할 수 있는 방법을 고민해야 하는 시대가 된 것이다.

나를 고용하는 방법 중 하나는 상상력을 발휘해 나의 작품을 만드는 것이다.

2011년에 3D프린트는 1,000만 원이 넘는 고가의 제품이었다. 당시 샌프란시스코에 사는 중학생이었던 닉 파커Nick Parker는 인터넷의 도움으로 3D프린트를 직접 제작했고 2014년에는 자신이 만든 3D프린트로 무인비행기 드론 제작에 성공하였다.

아이디어가 있다면 도움을 받을 수 있는 곳도 많다. 만약 좋은 아이디어가 있지만 이를 만들어낼 수 있는 3D프린트를 비롯해 제작 도구가 없다면 '메이커 센터Maker Center'를 찾으면 된다. 원하는 사람이면 누구나 어떤 것이든 만들 수 있는 창작 공동체 공간이다.

대표적인 메이커 센터는 전 세계 36개국 130곳에 설립된 팹랩Fab Lab 이다. 자본이 부족한 1인 기업가들의 아이디어를 제품으로 탄생시킬 수 있도록 3D프린트를 비롯해 고가의 장비와 작업 공간을 제공하는 곳으로 한국에도 있다. 만약 아이디어가 있다면 찾아가서 멘토의 조언도 들어보고 자신의 아이디어를 구현해보는 것도 도움이 될 것이다.

제품을 만들었다고 해서 당장 판매할 수 있는 것은 아니다. 판매할 수 있는 채널과 기초 자금이 필요한데 부모님의 지원을 받기 어렵다면 '킥스타터kickstarter' 같은 크라우드 펀딩을 이용하는 것도 좋은 경험이 될 것이다.

자신의 아이디어를 상품으로 잘 발전시킨 사례가 있다. 2015년 영등포공업고등학교에 재학 중이던 두 명의 고등학생은 평소 배달 음식을 시켜 먹으면서 비닐랩을 뜯는 데 불편함을 느꼈다. 이를 어떻게 해결할 수 있을까 고민하던 차에 때마침 창의아이디어 경진대회가 열리는 것을 알게 되었고 참가를 결심했다. 이들이 발명한 바나나 스티커는 포장 비닐에 스티커를 부착하고 젓가락으로 구멍을 뚫은 후 잡아 당기면 한 번에 비닐이 제거되는 상품이었다. 바나나 스티커는 300만 원을 목표로 크라우드 펀딩을 받게 됐고 기발한 아이디어 덕분에 목표 금액의 300%를 초과해 총 1,000만 원이 넘는 자금을 모으게 됐다. 오로지 아이디어 하나로 두 명의 학생들이 제품을 만들고 생산까지 하게 되었고 발생한 이익으로 투자자들에게 로열티도 제공할 수 있게 되었다.

미래 학자인 제임스 캔튼James Canton은 『퓨처 스마트』에서 "한 나라가 얼마나 많은 특허를 보유하는지가 혁신 자본과 기술의 가치를 가늠하는 하나의 척도이다."라고 말했다.

현재는 미국과 중국이 이를 주도하고 있지만 그는 미래 혁신이 일어날 곳은 아시아, 아프리카, 터키가 될 것이라고 보았다. 또한 2030년까지 혁신 산업은 세계 경제 성장의 70퍼센트 이상을 담당하게 될 것이며 혁신이야말로 세계 경제의 미래라고 했다. 혁신은 돈이 될 수 있는 가치를 창출하고 새로운 기술과 일자리, 새로운 산업을 비롯해 궁극적으로 새로운 세상을 만들 것이라고 했다.

『아이디어로 세상을 바꿔라』에는 특허 상품에 대한 여러 가지 일화가 소개되어 있다. 그중 세계에서 가장 비싼 브랜드로 통하는 코카콜라 병을 발명한 사연은 관심을 가질 만하다. 루드는 가난한 집안 형편으로 중학교도 진학하지 못한 채 병 만드는 공장에 취직을 해야 했다. 당시 루드는 주디라는 여자 친구를 사귀게 됐는데, 어느 날 주디가 신문을 한 장 내밀었다. 코카콜라 병 디자인을 공모한다는 광고가 실려 있었는데, 상금이 최저 1백만 달러에서 최고 1만 달러였다. 눈이 번쩍 뜨일 만한 것이었지만 응모 조건이 상당히 까다로웠다. 병 모양이 예뻐야 하고, 물에 젖어도 미끄러지지 않고, 병 크기에 비해 콜라가 적게 들어가야 한다는 것이다.

어렵지만 도전해 보기로 마음먹은 루드는 6개월 휴가를 내고 병 디자인에 매달렸다. 디자인을 완성할 때까지 여자 친구도 만나지 않았다. 6개월 후 주디가 루드를 찾아왔지만 완성된 디자인은 거의 없었다. 그래도 오랜만에 만나는 주디가 반가워 고개를 돌리는 순간 기쁨에 찬 표정을 지었다. 루드는 주디를 움직이지 못하게 하고는 재빨리 스케치북을 들고 와 스케치를 했다. 그날 주디가 입은 주름치마는 당시 유행하던 것으로 통이 좁고 엉덩이 선이 아름답게 강조되는 긴 치마였다.

루드는 다음 날 그 디자인을 미국 특허청에 출원했다. 그리고 철공소에서 견본을 만든 다음 코카콜라 사장을 찾아갔다. 사장은 디자인은 훌륭하지만 볼록하게 나온 부분 때문에 현재의 병보다 콜라가 더 많이 들어갈 것 같다며 디자인을 채택할 수 없다고 했다. 루드는 얼른 원래의 코카콜라 병에 물을 채운 다음 그것을 자신이 디자인한 병에 부었다. 현재 코카콜라 병에 있던 물의 80퍼센트 정도를 부었을 때 그가 만든 병이 가득 찼다. 사장은 자신의 경솔함을 사과하고 즉석에서 거금 600만 달러의 계약금을 주고 루드의 디자인을 채택했다. 루드는 주디에게 청혼하고 결혼 후 두 사람은 고향으로 내려가 유리 공장을 운영하며 행복하게 살았다.

한 편의 동화 같은 이 이야기처럼 때로는 사랑하는 사람을 행복하게 해 주고 싶은 마음에서 기발한 아이디어가 나오기도 한다. 사랑하는 사람이 겪는 불편이나 어려운 점을 해결해주고 싶은 마음에 뛰어난 아이디어가 탄생하기도 한다. 나아가 주위 사람들의 삶의 질을 향상시켜주고 싶다는 마음이 새로운 상품과 서비스의 시작이 될 수도 있다. 아이디어는 천재적인 두뇌에서만 나오는 것은 아니다. 여러분도 주변에 있는 물건들을 좀 더 편리하고 유익한 것으로 바꾸려는 시도를 해 보자. 사물에 대해 호기심을 갖고 꾸준히 관찰하고 노력하면 분명 좋은 아이디어를 얻을 수 있을 것이다. 발명 실적이 있는 학생은 대학 특례 입학의 길도 열리게 된다. 아이디어 상품은 훗날 회사가 보장해주지 못하는 안정적인 일과 풍요로운 삶을 가져다줄 수 있다.

3

한 분야의
전문가가 되어라

전문가란, 한 분야에 오래 종사하여 그 분야에 상당히 해박한 지식, 기술, 경험을 가진 사람을 의미한다. 영어로 professional이며 우리는 짧게 '프로'라는 단어로 자주 사용한다.

요즘 우리 사회에서는 깊은 학문적인 지식이 뒷받침되지 않더라도 자신의 분야에서 타의 추종을 불허하는 나만의 기술과 노하우를 갖고 있는 사람들이 많다. 이처럼 한 분야에 일가견이 있는 사람을 일컬어 프로, 혹은 전문가라고 한다.

'밥버거계의 맥도날드'로 불리는 '봉구스버거'의 오세린 대표는 체인점 900개, 총 매출액 2,000억 원의 신화를 일군 장본인이다.

그는 교육가 집안에서 성장하며 중학교 시절까지는 반에서 1등을 놓치지 않는 모범생이었다. 그러나 어느 순간 '장사를 할 건데 공부는 왜 하나'라는 생각에 점점 빠져들었고 공부에 흥미를 잃게 됐다. 급기야 가족의 만류에도 불구하고 경남의 명문 고등학교를 자퇴했다. 그리고 당장 돈을 벌기 위해 건설현장에서 막노동을 시작했다. 그때 아버지가 그를 찾아와서 고등학교를 졸업하고 성공한 인물에 대한 책 4권을 건넸고, 그 책을 읽은 후 검정고시를 보고 홍익대에 입학하게 됐다. 그러나 오세린은 다시 장사를 하고 싶은 간절한 마음에 학교에서 등록금을 돌려받아 장사를 시작하게 된다. 어묵 떡볶이, 주먹밥, 맥주, 와인 등 길거리에서 팔 수 있는 것은 다 팔았다. 그러나 장사는 생각만큼 쉽지 않았고 가진 돈은 바닥이 났다.

하지만 장사를 하면서 쌓은 경험으로 인해 좋은 상품을 찾아내는 안목이 생겼고 아이디어도 떠올랐다. 주먹밥을 팔아야겠다고 마음먹은 오세린은 요리사 친구의 도움으로 재료와 모양을 연구하고 영양과 맛에도 신경을 써서 한 끼 식사로 충분한 주먹밥을 완성하게 되었다. 이를 급식이 맛없다고 소문난 학교 앞에서 팔았다. 처음 이틀은 하나도 팔지 못했지만 사흘째부터 급속도로 팔려나가기 시작했다. 결국 혼자 감당할 수 없어 아주머니도 고용했다. 밥버거가 싸고 맛있다고 소문나면서 인근의 학생들도 몰려들었다. 불법 영업으로 경찰에 신고가 돼서 철수를 한 후 수원역 근처 보증금 300만 원에 월세 30만 원의 작은 가게를 열게 됐다. 이곳에서도 입소문이 나서 줄을 길게 서는 바람에 경찰이 나서서 교통정리를 하는 상황까지 벌어졌다. 가게를 하고 싶다는 사람들이 늘어나 2011년 프랜차이즈를 시작했고 3년이 채 되지 않아 대리점은 900호를 돌파했고 중국에 직영점도 두 개 열었다. 2013년에는 매경닷컴에서 선정하는 '대한민국 대표 우수 기업'으로 인정받았다.

오세린 대표는 많은 사람들이 간편하고 맛있다는 이유로 빵이나 햄버거를 식사나 간식으로 선호하는 시대임에도 밥을 어떻게 하면 더 맛있고 간편하게 한 끼 식사로 먹을 수 있을까 고민했다. 그리고 아이디어를 연구하고 발전시켜서 결국은 사람들의 입맛을 사로잡은 봉구스버거를 만들어냈다. 사람들이 쉽게 지나치는 것에서 숨은 가능성을 발견하고 거기에 자신의 지식과 연구를 더해서 우수한 상품을 만들어냈으니 그는 주먹밥 전문가라고 할 수 있을 것이다.

롤모델로 삼을 만한 또 한 명의 전문가가 있다. 2016 리우데자네이루올림픽의 여자 골프 부문에서 금메달을 목에 건 박인비 선수다. 그는 세상의 모든 악플을 딛고 116년 만에 부활한 올림픽의 여자 골프 부문에서 당당하게 금메달을 획득한 것이다.

박인비 선수는 시즌 초 허리 부상에 이은 왼손 엄지손가락 부상으로 대부분의 경기에 출전하지 못하는 최악의 시즌을 보냈다. 당시 심경을 담은 인터뷰를 보면 올림픽 출전을 번복하고 싶었을 정도로 힘들었다고 한다. 더구나 2개월여를 쉰 뒤 실전 감각을 익히기 위해 출전한 국내 여자골프대회인 삼다수 오픈에서 컷 탈락을 당한 뒤 엄청난 후폭풍에 시달렸다. '출전한다고 하지 말았어야지. 올림픽 카드 한 장만 날렸다', '국민의 세금으로 리우에 가면서 세금만 축낸다' 등등 각종 비난 글이 온라인을 뒤덮었다.

리우올림픽을 2주 앞둔 8월 초, 국가대표로 선발된 박인비는 마음의 갈피를 잡지 못하고 방황했다. 그러나 포기하지 않고 용기를 냈다. 두려움을 용기로 바꾸기 위해 그녀는 연습에 혼신의 힘을 다했다. "내 골프 인생에 이렇게 열심히 연습한 적은 없었다."고 스스로 말할 정도였다. 이미 세계 4대 메이저대회를 석권하고 커리어 그랜드 슬램을 달성했음에도 더 나은 스윙을 위해 스윙 교정을 받았다. 박인비 선수처럼 어떤 상황에서도 포기하지 않고, 한결 같은 노력으로 경쟁력을 쌓는다면 어찌 전문가로 인정하지 않을 수 있겠는가.

전문가란 내가 하는 일에 완벽을 추구하는 사람이다. 지금보다 더 발전할 수 있다는 자신감과 믿음으로 자신의 한계에 도전하는 사람이다. 자신의 발전 가능성에 확신을 갖고 자신의 한계를 극복하기 위해 끊임없이 노력하는 사람이다. 돈과 명예를 좇아가는 것이 아니라 돈과 명예가 자신을 따라오게 만드는 사람이다. 끊임없이 자신을 단련하여 자신의 잠재력을 최대한 발휘하며 사는 사람이다.

4

평생직업을
준비하라

    평생직장은 우리 부모님 세대의 목표였다. 학교를 졸업하고 취직을 하면 한 직장에서 한평생을 보내고 정년퇴직을 할 수 있었다. 이후 몇 년 여유 있게 살다 보면 생을 마감할 시간이 되었다. 노후 대책에 크게 신경 쓰지 않아도 되었기에 또 다른 직업을 고려하지 않았다. 하지만 지금은 예전에 비해 평균수명이 많이 늘었다. 설사 한 직장에서 정년을 보장해 준다 하더라도 그 이후 남은 시간이 너무 길다. 이제 '평생 할 수 있는 일'을 찾아야 하는 시대가 왔다.

    주위를 보면 마흔 이후 제2의 인생을 계획하는 사람이 많다. 수명은 점점 늘어나는데 반대로 퇴직 연령은 점점 빨라지고 있기 때문이다. 얼마 전만 해도 IMF 이후 45세가 정년이라는 '사오정'이 유행했는데 이제는 그 연령이 38세까지 내려가 '삼팔선'이라는 말이 유행하고 있다. 그리고 30대에 이미 또 다른 일을 준비하고 계획하는 사람이 증가하고 있는 추세다. 평생 월급 받으며 살 수 있는 평생직장은 이제 의미가 없어졌으니 자신의 능력을 발휘하고 일을 즐기며 행복하게 살 수 있는 '평생 직업', '평생의 일'을 준비해야 한다는 사회적 인식도 확산되고 있다.

한 포털 사이트에서 성공에 대한 인식 조사를 한 적이 있다. 흥미로운 것은 높은 사회적 지휘나 명예를 얻는 것이 성공한 삶이라고 응답한 사람은 5.2퍼센트에 불과했다. 직장에서 인정받는 것을 성공이라고 생각하는 사람도 13퍼센트에 불과했다. 반면 40.6퍼센트의 응답자는 "여가와 여행, 취미생활 같은 여유로운 생활을 누리는 것이 성공이다."라고 답했다. 이 설문조사가 모든 직장인을 대변한다고 할 수는 없지만 성공에 대한 관점이 많이 바뀌고 있음을 보여준다. 성공에 대한 달라진 관점은 직업에 대한 선호도 바꾸고 있다. 많은 사람들이 여유로운 생활을 보장 받을 수 있고, 자신이 즐길 수 있는 일을 찾는 것이다.

요즘 우리나라에서도 '초고속'이라는 말보다 '천천히'라는 말이 많이 들린다. 슬로시티니 느림의 미학이니 하는 것들이 인기를 끄는 것을 보면 인식이 서서히 바뀌고 있음을 실감하게 된다. 우리나라가 개발도상국이었던 시절 우리는 무엇이든 빨리빨리 해서 선진국을 따라잡아야 한다는 생각으로 일했다. 하지만 이제는 조금 느리더라도 자신의 꿈을 먼저 생각하는 여유가 필요하다. 평생 일자리를 얻기 위해서는 세속적인 성공, 조기 승진, 초고속 승진 등에서 벗어날 필요가 있다. 출세를 위해, 성공을 위해 일을 하다 보면 일 자체에 만족하거나 생활에 만족하기가 쉽지 않다.

다니엘 핑크가 2004년에 쓴 『프리 에이전트Free Agent의 시대』라는 책은 국내에 큰 반향을 불러일으켰다. 이 책에서 그는 샐러리맨의 시대는 가고 '프리 에이전트의 시대가 온다.'고 했다. 즉 새로운 방식의 노동 형태가 나타난다는 것이다.

이들의 특징은 어느 조직에 소속되지 않고 자신이 좋아하는 일을 창의적이고 자유로운 방식으로 하며 이익을 창출하고 행복하게 산다. 조직에 속하지 않으니 일터의 개념이 없다. 활동 기반으로 인터넷을 이용하고 집의 서재나 카페, 작업실이 곧 일터가 되는 것이다.

내가 아는 한 지인은 공무원인데, 바쁜 와중에도 퀼트에 관심이 있어 책을 사다 보며 주말에는 재미삼아 이것저것 만들어 보았다. 그렇게 만든 가방을 들고 모임에 나갔는데 사람들이 어디서 샀느냐고 가방에 관심을 보였다. 직접 만든 것이라고 하자 자신들도 하나씩 만들어 달라고 했다. 이런 식으로 주변에 지인의 솜씨가 알려지면서 요청이 줄을 이었고, 아예 블로그에 작품을 올려서 사람들이 가방, 지갑, 이불 등을 선택할 수 있게 했다. 그가 만든 소품들은 재미도 있고 희소가치도 있었다. 점점 고객이 늘어나자 결국 그는 직장을 나와 본격적으로 사업을 시작했다. 그가 바로 프리 에이전트인 셈이다. 아침잠을 더 자고 싶은데 억지로 일어나 정해진 시간에 출근할 필요도 없고 사람들로 붐비는 지하철을 타고 퇴근할 필요도 없다. 무엇보다 하루를 자유롭게 쓰며 살 수 있다. 좋아서 취미로 하던 일로 수입까지 생기게 됐으니 자신의 일과 삶에 대한 만족도도 높아질 수밖에 없다.

크리스 칼리보Chris Guillebeau는 175개국을 돌며 100달러 혹은 그 이하의 소자본으로 창업했음에도 연간 5만 달러 이상을 벌어들인 개인사업자들을 연구해서 『100달러로 세상에 뛰어 들어라』라는 책을 썼다. 이 책에는 마이크로비즈니스에 대해 상세히 설명되어 있다.

"당신에게도 오랫동안 즐겼던 취미가 있을 것이다. 우리는 무언가에 몰두하는 과정에서 (남들은 따라할 수 없는) 특별한 능력을 얻는다. 여기에 열정을 더하면 새로운 비즈니스 모델이 창조된다. 그리고 사람들은 자유를 얻을 수 있다. 나는 그것을 '마이크로비즈니스 혁명'이라고 부른다. 마이크로비즈니스 혁명이란 전통적인 직업 선택과 업무 분류에 과감히 도전하는 것, 그리고 자신만의 개성으로 새로운 일을 찾고 미래를 창조해 나가는 것이다. 그것이 바로 좋은 일자리, 행복을 주는 직업을 만드는 과정이다."

크리스 칼리보는 지금이 마이크로비즈니스를 하기에 가장 적절한 시기라고 주장한다. 이유는 테크놀로지에 대한 접근성이 월등히 높아졌고 PayPal온라인결제시스템이 개설되어 180개국 이상의 구매자들로부터 상품대금을 받을 수 있어서 쉽게 시장성을 테스트할 수 있기 때문이다. 인터넷 발달과 전자결제시스템으로 대출이나 큰 자금 없이 당장 사업을 시작할 수 있는 것이다. 종업원을 고용하지 않아도 되고 자신의 열정과 축적된 지식 및 기술로 사업을 시작할 수 있다.

이제 그 어디에도 평생직장은 존재하지 않는다. 회사 자체의 존속마저 보장되지 않는 급변하는 사회에서 취직이 되었다는 것만으로 미래가 보장된다는 장밋빛 환상에 빠지지 마라. 취미만 잘 살리고 발전시켜도 기업에 의존하지 않고 독립적으로 살아갈 수 있다. 여유롭

고 재미있게 일하며, 자기주도적인 삶을 살 수 있는 '프리 에이전트'가
될 수 있다.

5

돈을 위해
일하지 마라

연일 30도가 넘는 폭염이 계속되던 여름의 어느 날, 한 건설현장에서 기술자들이 비지땀을 흘리며 일하고 있었다. 그때 뭔가 부산스런 소리가 들렸고 자신들과는 복장이 다른 몇몇 사람들이 걸어오고 있는 것이 보였다. 기술자들은 잠시 일손을 멈추고 그 사람들 쪽으로 고개를 돌렸다. 회사 고위간부들이 현장을 방문한 것이다. 그런데 갑자기 현장을 둘러보던 간부 중 한 사람이 어떤 기술자 앞에 멈추더니 반갑게 인사를 했다. 일순간 모든 기술자들의 시선이 집중되었다.

"자네, 박 기사 아닌가?"

박 기사가 깜짝 놀라서 보니 안면이 있는 사람이었다.

"오, 김 기사군! 정말 오랜만이네, 반가워."

두 사람은 잠시 기쁘게 인사를 나누고 서로 안부를 물었다. 잠시 후 예전의 김 기사는 다시 일행과 함께 공장 시찰을 했다. 그들이 멀어졌을 때 같이 일하던 기술자들은 박 기사가 사장과 한때 친구였다는 말을 듣고 깜짝 놀랐다. 박 기사는 방금 인사를 나눈 사장이 20년 전 같은 날 회사에 입사한 입사 동기라고 설명했다. 그러자 주위 동료들 중 한 사람이 어떻게 입사 동기 중 한 사람은 아직도 기술자인데 다른 사람은 사장이 되었는지 궁금하다고 했다. 그러자 박 기사는 한숨을 쉬며 이렇게 대답했다.

"20년 동안 나는 월급 받을 생각으로만 일을 했다네. 하지만 김 기사는 말단 직원이었을 때도 회사를 위해 정말 열심히 일했지. 그 결과 지금처럼 회사 대표가 된 것이지."

이 두 사람의 출발점은 동일했으나 20년이 지난 지금, 한 사람은 회사의 대표가 되었고 한 사람은 여전히 말단 직원에 머물고 있다. 현실과는 거리가 먼 이야기처럼 들리는가? 나와는 상관이 없는 이야기처럼 들리는가? 절대 그렇지 않다. 40대 중반을 지나 오랜만에 동창들이나 지인을 만나면 이런 경우를 어렵지 않게 볼 수 있다. 자신의 목표를 향해 나아간 사람과 눈앞에 닥친 생활과 돈벌이에만 집착한 사람은 분명 인생에 격차가 생긴다. '소탐대실'이라는 속담이 있듯이 무엇을 위해 일하는지에 대해 다시 생각해봐야 한다.

인생의 목표가 뚜렷하면 지금 하는 일을 소홀히 할 수가 없다. 어떤 일이든 지금 하는 일에서 배울 것이 무엇인지를 생각하고, 회사가 요구하는 것 이상으로 일하고 성과를 거두겠다는 각오로 임한다. 즉 사회적으로 요구되는 평균치보다 더 노력한다는 것이다. 그렇게 '좀 더' 하는 노력이 나를 차별화시킬 수 있다.

스스로 내 기준, 나의 목표를 정하고 그것을 달성할 때까지 일하는 습관을 갖자. 공부하는 과정, 일하는 과정은 모두 자신을 단련하는 과정이다. 힘을 키우는 과정인 것이다. 다리 힘을 키우고 싶다고 말하면서 방에 가만히 앉아 '나는 다리 힘이 세져서 어떤 산이든 마음껏 다니고 싶다.'고 아무리 말해 봐야 소용이 없다. 다리 힘을 키우기 위해서는 하루 한 시간 정도라도 매일 걷기 운동이나 등산 등을 하며 단련해야 한다.

충분한 양이 쌓여야 질적 변화도 일어난다. 물의 온도가 99도까지 상승해도 액체인 물이 기체인 수증기로 변하지는 않는다. 액체인 물이 기체로 변하는 것은 100도가 되었을 때다. 단 1도의 차이지만 결과는 다르다. 양질전환의 법칙을 의식하고 힘들 때 포기하지 말고 '한

번만 더' 해 보자.

일본의 살아 있는 경영의 신으로 불리는 이나모리 가즈오는 『왜 일하는가』에서 일을 대하는 자세에 대해 다음과 같이 말하고 있다.

결핵을 앓아 수업을 제대로 듣지 못해 중학교 시험에도 떨어지고, 집에 불이 났으며, 가고 싶은 의과대학 시험에서도 떨어졌다. 원하던 과가 아니어서 공부도 눈에 들어오지 않았다. 취업을 한 회사는 월급도 제대로 주지 않았다. 점점 현실이 불만스러워졌다. 그런 현실을 벗어나지 못하는 자신이 초라하게 생각되었다. "다들 잘나가는데 나만 왜 이럴까?", "하루를 버티기도 힘든데 어떻게 내일을 생각해?" 하면서 나 자신을 비하했고, 그것밖에 할 수 없는 현실을 원망했다. 그렇게 지내던 어느 날 한 가지 사실을 깨달았다. 그 깨달음 하나로 나는 이전까지 나를 괴롭혔던 모든 걱정과 불안에서 벗어날 수 있었다. 보잘것없던 인생도 정반대로 바뀌었다. 그 깨달음은 바로 '지금 하고 있는 일을 즐기자'였다.

신기한 일이었다. 그 깨달음이 이끄는 대로 행동하다 보니 모든 일이 술술 풀렸다. 그 후의 내 삶은 믿을 수 없을 정도로 벅찬 희망으로 가득 찼고, 그 변화를 온몸으로 체험했다.

그렇게 이나모리 가즈오는 교세라를 세계 초일류기업으로 키울 수 있었다. 돈을 생각하기 전에 지금 하고 있는 일을 즐기며 완벽을 추구하는 자세가 오늘의 성공을 불러왔다고 했다. 어떤 마음가짐으로 일할 것인지 선택은 여러분 몫이다. 그러나 성공하고 싶다면 이미 성공한 사람을 따라하라고 하지 않던가. 여러분이 어떤 삶을 원하는지 분명히 알고 있다면 일을 대하는 마음가짐도 분명해질 것이다.

세계 최고의 기업 애플의 신화를 창조하고 인류 발전에 한 획을 그은 스티브 잡스의 말을 조언으로 들어보자.

"최고의 부자가 되어 무덤에 묻히는 것은 제겐 별로 중요하지 않습니다. 잠자리에 들기 전 '오늘 내가 놀라운 일을 해냈구나!'라는 말을 할 수 있는 것, 제겐 그것이 중요합니다. 돈을 위해 일하지 마세요. 잠자리에 들기 전 오늘 하루도 세상을 바꾸는 멋진 일을 했다고 자부할 수 있게 하는 바로 그 일을 하세요!"

6

신나게 할 수 있는
일을 선택하라

얼마 전 차에 문제가 생겨 정비소에 간 적이 있다. 내 차를 정비하는 것을 지켜보고 있는데 여자 한 분이 "들어와서 차 한잔하세요." 했다. 사무실로 들어가 커피를 마시며 탁자 위를 보니 빵과 사과 하나가 큰 쟁반 위에 놓여 있었고 그 쟁반은 손잡이가 달린 덮개로 덮여 있었다. 집에서 쓰면 좋겠다는 생각이 들어 카운터로 나와 저 쟁반이 참 좋은데 어디서 산 것이냐고 물으면서 대화가 시작되었다. 손님들에게 내는 음식이라 마르지 않고 먼지도 들어가지 않게 정갈하게 덮어두고 싶어서 사장님께 덮개가 있는 트레이를 구입하자고 제안했다고 한다. 그러나 다른 사람들은 굳이 왜 그것이 필요하냐며 반대를 했단

다. 그래도 손님을 위해 필요하다고 강력하게 건의했고 후에 트레이
가 도착해서 음식을 덮어 놓으니 비로소 사장님과 다른 직원들이 잘
산 것 같다며 칭찬을 했다고 한다.

그분이 인상 깊었던 것은 자신이 하는 일을 좋아하고 재미있어 한
다는 것이 얼굴에도 그대로 드러났기 때문이다. 덩달아 사무실 분위기
도 밝고 유쾌해졌고 다시 방문하고 싶은 곳이라는 생각까지 들었다.

인상 깊었던 또 한 분은 바깥에서 내 차를 손봐 준 분이다. 굳이 더
들여다보지 않아도 되는 곳까지 안전을 위해 체크해주고 친절하게
설명해 주셨다. 자신의 일에 자부심을 갖고 있는 것이 느껴졌고 실력
에 대한 신뢰도 생겼다. 이렇게 직장 일을 하며 즐겁게 하루를 보내는
사람은 옆에 있는 다른 사람까지도 기분 좋게 만든다. 행복이란 자신
의 일에 열정적으로 임하고 그것에서 삶의 보람을 찾는 것임을 충분
히 느낄 수 있었다.

반면에 우리 주변에는 자신이 하는 일을 마지못해 하는 사람도 있
다. 자신의 가게를 찾은 손님에게조차 불친절하고 짜증난 얼굴로 대
하는 사람도 있다. '언제 이 일을 그만둘 수 있을까?', '무슨 핑계를 대
서 이 일에서 벗어날 수 있을까?', '먹고사는 문제만 아니면 당장 그만

두고 싶다.'는 생각으로 사는 사람들이 얼마나 많은가.

식당에 종업원이 음식을 던지듯이 놓는 것을 보았을 때 그의 불친절한 태도를 지적하기보다는 그 사람의 삶의 태도를 바꿔주고 싶은 마음이 먼저 들었던 적이 있다. 그런 사람들은 늘 어떻게 하면 이곳을 벗어날 수 있을까 불평불만만 늘어놓을 뿐 다른 것을 공부하거나 자신의 기술을 향상시키기 위해 노력하지는 않는다.

한 직장에서 오래 근무하지 못하고 3~4년마다 다른 곳으로 옮겨다니는 사람이 있었다. 이유는 늘 '사장이 대우를 제대로 해주지 않는다.'는 것이었다. 자신은 '운이 나빠서' 좋은 직장을 구하지 못한다고도 했다. 자신의 기량을 향상시키거나 더 열심히 노력하기보다 신세한탄만 하고 안일하게 생활했다. 일이 힘들다고 늘 쉬운 일만 찾았다. 이런 사람의 경제력은 10년, 20년이 지나도 나아지지 않는다.

직업을 선택할 때 사회적인 위상이나 주위의 평가를 의식하기보다는 그 직업이 가진 속성이 무엇인지 파악해야 한다. 그래서 나의 적성과 흥미, 성격에 맞는지를 반드시 고려해야 한다. 남들이 부러워하는 직업이 아니라 내가 성취감을 느끼고 만족할 수 있는지, 내가 잘해낼 수 있는지 생각해야 한다.

내가 가장 중요하게 생각하는 가치가 무엇인지도 고려해야 한다.

노동시간이 길어도 높은 보수를 원하는지, 임금은 낮더라도 여가를 즐길 수 있는 직업을 원하는지, 수입보다 나의 성취욕을 만족시켜 줄 수 있는 직업을 원하는지 등을 생각해봐야 한다. 다른 사람들이 좋다고 평가하는 직업이라고 해서 나에게도 최고의 직업이 된다는 보장은 없다.

'나에게 맞는 직업'을 선택하기 위해서는 자신에 대해 깊이 들여다보아야 한다. 나의 인생관은 무엇인지, 내가 직업을 통해 얻고자 하는 것은 무엇인지, 더 나아가 나의 인생목표는 무엇인지, 인생 전체에 대해 생각해보면 자신에게 필요한 것과 원하는 것이 명확해질 것이다. 그렇게 해야 잘못된 직업 선택으로 인해 발생하는 시간과 에너지의 낭비를 줄일 수 있다.

내가 좋아하는 일을 하는 것은 나에게 맞는 옷을 입는 것과 같다. 내게 맞는 옷을 입어야 편안하며, 기분도 좋고, 자신감도 생기고, 행복하다. 하지만 나에게 맞는 옷을 찾으려면 먼저 여러 가지 옷을 입어보아야 한다. 직업 세계에서도 내가 하고 싶은 일을 찾으려면 다양한 경험을 많이 해 봐야 한다.

『하루 약속』의 저자 최종택은 지독한 가난으로 어릴 때 교회에서 살아야 했고 영양실조로 한쪽 눈이 실명되었다. 그는 현대자동차에 입사해서도 일에 몰두한 나머지 다른 한쪽 눈까지 실명 위험에 이를 정도로 힘겹게 살았다. 하지만 그는 어려움을 딛고 IMF 시절에 국내 최초 한국형 자기계발 프로그램을 개발했고, 한국강사협회가 선정한 명강사 100인에도 선정되었다. 그는 자신의 책에서 "일터는 내 삶에 가장 중요한 삶터가 되어야 한다. 단순히 밥 벌어먹는 밥터가 되어서는 안 된다. 내 삶의 행복터요, 의미와 꿈을 주는 꿈터가 되어야 한다."라고 말했다.

아무 일도 하지 않고 살면 편하고 좋을 것 같지만 무기력해지고 사는 재미가 없어지며 존재의 의미도 사라지게 된다. 일은 인생을 관통하는 과제다. 생계수단이기도 하지만 나의 가치를 실현하는 수단이기도 하다. 일을 하는 것은 내가 살아있다는 증거가 되기도 한다. 그러니 나에게 가장 잘 맞는 옷을 찾아 가장 멋진 모습을 보여주자.

일단 해 봐야, 내 능력을 알 수 있어요!

"공부는 내 적성이 아니에요."

수업 시간에 집중하면 성적이 오를 것 같다고 말하는 담임선생님에게 대영이는 이렇게 못 박았다.

"그럼 너의 적성은 뭐니?"

"친구들하고 노는 것이요. 공부는 안 맞아요!"

"공부가 맞는지 안 맞는지 어떻게 알았어?"

"딱 보면 알잖아요. 저는 공부 체질이 아니에요."

"그래? 그럼 뭘 할 때가 제일 재밌니?"

"축구 할 때가 제일 신나요. 게임 할 때도 좋아요."

대영이는 축구를 잘한다. 초등학교 때 2002년 월드컵을 본 후로 축구에 인생을 걸기로 했다. 방과 후는 말할 것도 없고 주말에도 친구들과 모여 축구로 하루를 보냈다. 그리고 저녁에는 게임을 하며 하루를 마무리했다. 대영이는 공부를 못한다기보다 공부와는 맞지 않다고 생각하고 있었다. 이유는 좋아하는 축구와 게임을 해야 하기 때문이다.

하지만 수업시간에 발표를 시켜보면 못하는 것이 아니었다. 기본 실력도 있었고 영어 문장 해석도 잘했다. 다른 과목의 선생님도 대영이가 공부를 못하는 것이 아니라 안 하는 것이라는 결론을 내렸다. 발표나 수행평가를 할 때는 즉석에서 내주는 과제도 잘해낸다는 것이다. 그럼에도 불구하고 시험 성적은 중간에서 맴돌았다.

아버지의 말씀을 들으니 왜 그런지 조금은 이해가 됐다. 아버지는 대영이가 결코 머리가 나쁘지 않으며, 자신에 대한 반항심에 공부를 하지 않는 것이라고 했다. 중학교 때 공부를 등한시하고 PC방에 드나들며 늦게 귀가하는 일이 잦았다고 한다. 이를 야단치는 과정에서 서너 번 폭력을 쓰고 만 것이다. 그 후 부자간이 서먹해졌고 고등학생이 된 이후 대영이는 아버지와 대화 자체를 기피했다. 그렇게 자신이 좋아하는 것을 가로막고 폭력을 행사한 아버지에 대한 반발로 공부를 외면하기 시작했다. 처음에는 의도적이었지만 시간이 지나면서 자신은 공부와는 맞지 않다고 믿게 되었다. 이후 아버지는 아들과 함께 상담치료를 받기도 했다. 그리고 그 일이 후회가 돼서 아들에게 더 잘해 주려고 노력했다. 그러나 아들의 마음은 쉽게 돌아서지 않았다. 아버지의 행동이 진심이라고 믿지 않았기 때문이다.

하지만 아버지는 아들에게 속죄하는 마음으로 끝까지 관심을 놓지 않았다. 대영이는 고학년이 되면서 조금씩 아버지의 진심을 알아갔다. 하지만 여전히 공부에는 관심이 없었다. 그러던 중 아들이 평소와는 다르게 많은 액수의 용돈을 요구해서 성적이 오르면 요구한 용돈을 주겠다고 했다. 대영이는 그 돈이 꼭 필요했기에 바짝 긴장해서 공부를 했고 성적이 올랐다.

그때 대영이에게 공부가 적성에 맞지 않다고 하더니 어떻게 공부를 했냐고 물었다. 방학 때 친구들과 강원도로 놀러가기로 했는데 모임에 빠지고 싶지 않아 정말 열심히 했다고 한다.

그렇게 목표가 생기니 공부를 열심히 하는데 아직도 공부가 적성에 맞지 않다 생각하냐고 물었다. 대영이는 그건 아닌 것 같다며 말을 흐렸다. 축구뿐만 아니라 운동이라면 뭐든지 좋아해서 체육 선생님을 하고 싶다고 했다. 한번 공부를 해보니 적성에 맞지 않다고 생각한 것은 핑계였음을 알게 되었고, 미래 꿈을 위해 공부를 시작하겠다고 말했다. 고등학교 2학년이라 늦었다는 생각이 들기도 하지만 노력해서 언젠가는 반드시 꿈을 이루어 보겠다고 다짐했다.

　자신이 공부와 맞지 않는다고 생각하는 많은 학생들도 대영이와 크게 다르지 않다. 주변 환경의 일시적인 충격 때문에 한때 공부를 손에서 놓고 그렇게 시간을 보내다 보면 점점 자신감이 떨어진다. 그래서 충분히 공부를 잘할 능력이 있음에도 이제는 무리라며 공부에 담을 쌓는 것이다. 여전히 학교에 다니고 있다면, 공부를 시작하는 데 있어 늦음은 없다. 공부든 공부 이외의 목표든 그 무엇이 되었든 세워 놓은 뜻이 있다면 우선 시도해 보자. 시작이 반이다.

66

내가 계속할 수 있었던 유일한 이유는
내가 하는 일을 사랑했기 때문이라 확신합니다.
여러분도 사랑하는 일을 찾으셔야 합니다.
당신이 사랑하는 사람을 찾아야 하듯 일 또한 마찬가지입니다.

- 스티브 잡스

99

6부

'내 일'이 없으면
내일도 없다

1

남과 같은 길을
고집하지 마라

남과 같은 길을 고집하지 않는 사람은 나만의 길을 가고자 하는 의지가 강한 사람이다. 시류에 흔들리지 않고 자신의 생각대로 인생을 살겠다는 것이다. 취업에도, 삶의 방식에도 유행이 있는데 이에 휩쓸리지 않고 내 인생을 소신껏 살려면 용기가 필요하다.

지인 중에 이런 소신 있는 아들을 둔 사람이 있었다. 그분의 아들은 대학을 졸업한 후 다른 학생들처럼 대기업이나 공무원을 목표로 하지 않았다. 그는 군복무를 마친 후 얼마 지나지 않아 취직을 했다. 지인은 사무직인 줄 알고 기뻐서 언제 지원하고 합격했는지 물으니

아들은 남성복 매장에서 양복 판매원으로 일하게 됐다고 했다. 지인의 아들은 키도 크고 체형이 좋아서 옷을 입으면 태가 났다. 평소에도 패션에 관심이 많아서 모델처럼 옷을 잘 입는 편이었다. 남성복 매장의 매니저는 판매하는 상품을 멋지게 소화하는 직원이 있으니 판매에도 도움이 되어 지인의 아들을 무척 마음에 들어 한다고 했다.

지인은 며칠 일하다 그만두겠지 했지만 예상과 달리 아들은 무척 재미있어 하며 착실하게 일을 했다. 지인은 그 수입으로 결혼을 하고 아이를 키우려면 어렵지 않겠냐고 넌지시 말을 해봤지만 아들의 생각과 결정은 확고했다고 한다. 그 매장에서 판매, 유통, 패션 트렌드, 직원 관리 등 많은 것을 배우고 경험할 것이라고 자신을 믿어달라는 말까지 덧붙였다. 처음에는 그저 걱정만 했던 지인도 이제는 아들의 선택을 존중하게 됐다고 한다.

이 남학생도 다른 학생들처럼 공무원이나 기업에 취직하는 것을 목표로 삼을 수 있었을 것이다. 또한 부모님의 지원을 받고 부모님께 기대어 조금 편하게 일을 시작할 수도 있었을 것이다. 그러나 그렇게 하지 않고 본인이 좋아하는 일을 선택했다. 그는 자신이 어떤 일을 할 때 가장 행복한지 알아냈고, 사회의 평가나 주위 사람들의 시선을 신경 쓰지 않고 자신의 뜻대로 일을 선택했다. 분명한 직업관을 갖고 있었던 것이다.

아래 내용은『금융지식이 돈이다』에 소개된 일화이다.

에버랜드 원숭이 우리에 커다란 시소가 하나 있었는데, 원숭이들은 시소의 한쪽 편으로만 몰려 있었답니다. 자연히 시소는 원숭이들이 몰린 쪽으로 기울어져 있었죠. 원숭이들 머리 위에는 사과나무가 있었고 마침 가을철이라 탐스런 사과가 주렁주렁 열려 있었답니다. 하지만 원숭이들의 팔이 닿지 않는 높이라 사과는 그림의 떡이었습니다. 그런데 그중 재빠른 원숭이 한 마리가 시소 반대편으로 냉큼 뛰어올라가 사과를 쉽게 따 먹기 시작했습니다. 이를 본 다른 원숭이들은 동요하기 시작했죠. "야 저기는 사과를 따 먹을 수 있나봐. 빨리 저쪽으로 가자." 처음엔 한두 마리가 옮겨 가기 시작했죠. 건너간 원숭이들이 사과를 따 먹는 것을 반대편에서 바라보던 다른 원숭이들은 이제 망설임 없이 우르르 몰려가기 시작했습니다. 너도나도 사과를 따 먹기 위해서… 결과는 어떻게 되었을까요?

원숭이들이 몰려간 반대편으로 무게 중심이 옮겨지면서 오히려 원래 원숭이들이 모여 있었던 쪽이 위로 올라가게 되었고, 기껏 자리를 옮겼던 반대편은 무거워져서 아래로 기울게 되었죠. 결국은 움직이지 않고 마지막까지 원래의 자리에 남아 있었던 원숭이 한 마리가 여유롭게 사과를 따 먹을 수 있게 되었답니다.

이 이야기처럼 많은 사람들이 가는 곳만 고집하다가는 결국은 아무것도 얻지 못할 수도 있다. 많은 사람들이 몰리는 곳에서는 더 치열하게 경쟁해야 하고 성공할 기회를 잡기도 쉽지 않다. 반면 내가 잘하는 것, 지금 당장 시작할 수 있는 것에 도전한다면 더 빨리 발전시켜나갈 수 있을 것이다.

조선시대에는 똑똑하고 뛰어난 사람들이 부귀영화를 누리기 위해서 과거를 보았다. 과거에 합격하면 권력을 얻을 수 있었고, 그 권력에는 돈도 따라왔다. 힘없는 사람들이 힘이 필요할 때 권력을 가진 사람들에게 기대고 그 대가로 돈을 지불했고, 권력을 가진 이들은 그 돈으로 부를 축적할 수 있었다. 내가 어릴 때만 해도 고시에 합격하면 명예와 권력, 부를 함께 얻을 수 있었다. 고시에 합격한다는 것은 가문의 영광이자 마을의 자랑이기도 했다.

이제는 사회가 달라졌다. 요즈음은 공부를 잘한다고 해서 부를 얻을 수 있는 기회까지 보장되는 것은 아니다.

SBS에서 2005년 4월부터 현재까지 방송되고 있는 〈생활의 달인〉

은 수십 년간 한 분야에 종사하며 달인의 경지에 오른 사람들을 소개하는 프로그램이다. 그 프로그램이 오래 방영될 수 있었던 것은 자기 분야에서 남다른 열정과 노력으로 성공한 사람들을 보고 감동을 받고 교훈을 얻는 사람들이 많기 때문이다. 그 프로그램에 나오는 달인들을 살펴보면 남들과 똑같은 길을 걸어간 사람들은 거의 없다. 남들과는 다르게 '내 일'을 만들기 위해 열정을 쏟고 피나는 노력을 한 사람들이다.

대다수의 사람들이 가는 길은 이미 검증이 되어 안정적이고 편하다는 장점이 있다. 실패에서 오는 손해가 크지 않을 수도 있다. 그러나 내가 개척한 나만의 길로 간다면 경쟁자가 적고 그로 인해 내가 취할 수 있는 이득은 훨씬 커질 수 있다. 이것을 알면서도 대부분의 사람들은 많은 사람들이 이미 걸어간 안전한 길을 가려고 한다. 나에 대한 확신, 자신감의 부족에서 오는 결과일 것이다. 나의 길을 가려면 자신을 믿고 긍정적인 마음으로 목표를 향해 나아가는 뚝심이 있어야 한다. 그렇게 간 곳에서는 많은 열매를 얻을 수 있다. 남들과 비교하며 이리저리 흔들리지 말고 자신의 꿈을 향해 나아가는 멋진 인생을 살자.

2

진짜 하고 싶은 일이 '내 일'이다

예전에 조리사 자격증에 관심을 갖고 평생학습원에 다닌 적이 있다. 대부분은 나처럼 직장인이었고 몇몇은 낮에 가게나 사업체를 운영하고 밤에 취미 삼아 배우러 오거나 창업을 준비하는 사람들이었다.

그중에 엘리트 분위기가 물씬 풍기는 남자 수강생이 있었다. 예리하고 능력도 탁월해 보였다. 그때만 해도 지금처럼 요리 프로그램이 인기를 끌던 시절이 아니었다. 그래서 요리와는 전혀 관계가 없는 일을 할 것 같은 사람이 요리를 배우러 왔다는 것 자체가 관심을 끌었다. 3개월 과정을 마칠 때 즈음 그의 이야기를 들을 수 있었다. 예상대로 그는 많은 사람들이 부러워할 만한 대기업에 다녔다. 그러나 사회적으로 인정받은 것과는 별개로 집에서는 그저 잠만 자고 나가는 사람에 불과했다. 아이들의 잠자는 모습만 봐야 했고 아이들과 일상적인 대화를 나눌 시간조차 없었다. 그뿐만 아니라 시간이 지날수록 점점 일에 지쳤으며 어느 날은 도대체 왜 사는 것일까, 회의가 들었다. 뭔가 결단이 필요하다는 생각이 든 것이다.

그는 자신의 인생을 위해 무엇이 필요한지 고민한 끝에 회사를 그만두었다. 학교에 다닐 때 자신의 진로에 대해 좀 더 심사숙고했더라면 어땠을까 아쉬운 마음도 들었다. 더 이상 직장에 나가지 않게 되자 주위 사람들은 해고당했거나 동료들과의 관계에 문제가 있었을지도 모른다고 수군거렸다. 하지만 그런 불편함은 잠시였다. 주위 시선을 신경 쓰지 않고 자기 자신을 위해 살기로 다짐하고 나니 하루하루가 즐거웠다. 그러다가 집에서 아이들을 위해 요리를 했는데 아이들이 "아빠, 최고!"라며 무척 좋아하는 것을 보고 사람들에게 맛있는 음식을 만들어주고 싶다고 생각했고, 그 꿈을 위해 조리사 자격증을 준비하게 된 것이다.

한국경영자 총연합회가 전국 306개 기업을 대상으로 조사한 결과에 따르면 2016년 신입사원의 1년 내 퇴사율은 27.7%였다고 한다. 2012년 23.6%에서 2016년 27.7%로 4년 동안 4.1%나 상승했다. 퇴사

사유로는 42%가 '적성에 맞지 않는 직무'를 꼽았고 19%는 '업무 불만족'이라고 대답했다.

힘들게 공부해서 겨우 들어간 회사에서 젊은이들은 자기 자신을 잃어버리고 기계 부속품처럼 일만 한다. 인간적인 삶을 누릴 시간도 없으며 정년도 보장되지 않는 불안한 기업 환경으로 인해 젊은이들은 어렵게 들어간 회사를 그만두고 '하고 싶은 일'을 찾아 떠난다. 사회의 변화도 한몫을 했다. 누구나 쉽게 창업을 할 수 있게 됐으며 100세 시대를 맞아 더 오래 일해야 한다면 이왕이면 즐겁게 일하고 싶다는 바람도 커졌기 때문이다.

그렇게 자신이 하고 싶은 일을 찾아 떠나는 사람들은 직업을 성취의 수단으로 인식하고 있다. 부모 입장에서는 '나 때는 안 그랬는데…' 하며 자녀를 나약하게 키운 것은 아닌가 걱정하는 경우도 있지만 '잘할 수 있는 일을 해라'는 말로 응원하는 부모도 있다.

하고 싶은 일을 할 수 있으려면 지금부터 준비해야 한다. 내가 좋아하고 신명나게 할 수 있는 일을 찾으려면 어떻게 해야 할까?

가장 먼저 '나'를 알아야 할 것이다. 즉 나를 탐색해보는 작업이 선행되어야 한다. 우리는 취직을 하기 위해 인터넷을 검색하고, 자료를 모으고, 다른 사람의 이야기를 듣는 등 정보 수집에 최선을 다한다. 그러나 내가 하고 싶고, 누구보다 잘할 자신이 있는 일이 무엇인지 알아내기 위해서는 시간을 많이 투자하지 않는다. 학생들에게 자신에 대해 알아보는 설문지를 주면 굳이 이런 것을 하지 않아도 된다는 표정을 짓는다. 자신에 대해 잘 알고 있어서 굳이 할 필요가 없다고 말하는 학생도 있다. 하지만 피상적으로 자기 자신을 안다는 것만으로는 부족하다. 사람은 자신의 좋은 점은 부풀려 생각하고 자신의 단점은 중요하게 생각하지 않는 경향이 있다. 객관적이며 솔직하게 자기 자신을 파악하기 힘들다는 뜻이다. 그러니 충분히 자기 자신을 잘 안다고 생각하더라도 자신에 대해 탐색하는 시간은 꼭 필요하다. 더욱이 내가 하고 싶은 일을 하고 살아가려면 말이다.

나를 탐색하는 좋은 방법 중에 하나는 살아가면서 이루고 싶은 '꿈의 리스트'를 만들어 보는 것이다. 조용한 시간에 마음을 차분히 하고 평온한 상태에서 하나하나 적어 본다. 며칠에 걸쳐서 생각나는 대로 적어도 좋다. 자유롭게 최대한 많이 적어 본다.

수업 시간에 학생들과 꿈 리스트를 작성할 기회가 몇 번 있었다.

평상시에 하고 싶은 것이 너무 많다고 말하던 학생도 막상 종이에 적어 보라고 하면 20개 이상은 적지 못하는 경우가 많다. 꿈 리스트를 적어서 발표하는 시간이 되면 여기저기서 웃음이 터진다. 대부분이 인생의 목표나 계획이라기보다는 갖고 싶고, 사고 싶은 것을 적었기 때문이다. 발표를 통해 서로의 꿈 리스트를 들어보면서 몇몇 학생들은 자기 자신을 잘 알고 있다는 것이 착각이었던 것 같다는 말을 했다. 조금 시간이 흐른 뒤 다시 꿈 리스트 작성을 하게 됐다. 확실히 처음 했을 때보다는 꿈 리스트를 명확하게 적어내는 학생들이 늘었다. 이렇게 변화가 시작되는 것이다.

여러분도 꿈 리스트를 작성해 보라. 어떤 것이든 생각나는 대로 모두 적어 본다. 100개 정도는 채워야 한다. 양이 중요하냐고 물어볼 수도 있지만 100개를 생각해내기 위해 그만큼 깊이 자기 자신을 들여다볼 수 있게 된다. 또한 100개 정도 적게 되면 분명 비슷하게 겹치는 것들이 있기 마련이다. 그렇게 비슷한 것들을 묶어서 그룹으로 만들면 그것이 나의 관심 분야가 되는 것이다. 이제 그 분야에 좀 더 집중하면 된다. 관련된 신문기사도 읽어서 스크랩하고, 관련된 영화도 찾아보고, 책이나 잡지도 읽으면서 깊이를 쌓아갈 수 있을 것이다.

내가 관심이 가고, 하고 싶은 일이 무엇인지 떠오르는 대로 메모해보자. 대학 입시 정보를 찾고 조사 비교하는 것만큼 나 자신에 대해 조사해보자. 자신만의 특별한 잠재력, 재능이나 특기가 있음을 알게 될 것이다. 이렇게 나를 알게 되면 진정 하고 싶은 일을 찾을 확률이 더 높아지지 않겠는가.

3

내가 남보다
잘하는 것을 찾아라

여러분은 태어나면서부터 경쟁 무대에서 살아왔을 것이다. 어느 집 애기가 우유를 많이 먹는지, 누가 빨리 크는지, 어느 집 애가 대소변을 먼저 가리는지, 누가 먼저 걷기 시작하는지 관심을 넘어 비교 대상이 되기 때문이다. 조금 크면 누가 제일 먼저 말을 하기 시작하는지, 누가 한글을 먼저 읽고, 덧셈 뺄셈은 어느 집 애가 더 잘하는지 엄마들의 끝없는 비교에서 자유로울 수 없다. 그 무한 경쟁은 학교에 가서도 이어지고 사회에 나오면 더 치열해진다. 우리가 살아 있는 한 이 경쟁에서 벗어나기는 힘들 것이다.

이런 경쟁 사회에서는 남보다 잘하는 것을 찾아 그것에 매진하면 확실한 경쟁력이 된다. 그런데 많은 학생들이 남보다 자신이 더 잘하는 것이 무엇인지 찾기 어려워한다. 하루의 대부분을 학교에서 보내는데 내가 잘하는 일을 어떻게 찾을 수 있단 말인가? 도대체 언제, 무엇을, 어떻게 해야 잘하는 일을 찾을 수 있단 말인가? 이렇게 항변할 것이다. 실제로 많은 학생들이 이렇게 말했었다. 그건 이상이며 현실에서는 불가능한 일이라고.

혜란은 지인의 딸이며 중학교 2학년이다. 방과 후에는 다른 친구들처럼 교과목 보충을 위해 학원에 가야 한다. 혜란은 특히 인테리어에 관심이 많다. 방 꾸미기를 좋아해서 자신이 좋아하는 스타일로 수시로 방을 꾸미고 정리하는 것이 취미였는데, 가끔 놀러오는 친구나 친지들이 늘 예쁘다고 칭찬해주었다. 혜란은 인테리어를 제대로 공부하기 위해 기존의 학원을 좀 줄여야 한다고 생각했고, 이를 위해 부모님을 설득했다. 쉽지 않았지만 포기하지 않았고 앞으로의 계획을 A4 용지에 꼼꼼하게 정리해서 보여드린 끝에 한 학기의 시간을 얻어낼 수 있었다. 한 학기 동안 학원을 다니지 않는 대신 부모님이 제시하는 성적을 받아내는 조건이었다. 학원을 다니지 않고도 성적을 유지하면 원하는 것을 해도 된다는 것이다.

그때부터 혜란은 습관처럼 들여다보던 휴대폰도 보지 않고 필요할 때는 독서실을 다니면서 공부를 했다. 그렇게 부모님과 약속한 한 학기가 지나고 시험을 봤는데, 안타깝게도 조건으로 내세운 점수를 받지 못했다. 하지만 혜란이 그간 얼마나 열심히 공부했는지 지켜본 부모님은 "하고 싶은 것을 해 보라."고 허락하셨다.

이후 혜란은 부모님의 격려를 받으면서 인테리어 공부를 시작했다. 졸업 후 인테리어 관련 일을 하겠다고 목표를 세웠고, 블로그나 책, 잡지를 꾸준히 보면서 인테리어 관련 자료를 스크랩하는 등 조금씩 관련 지식과 기술을 키워나갈 것이라고 했다.

나는 혜란에게 다음과 같은 기사 내용을 들려주며 앞으로 전망이 좋을 것 같으니 열심히 해 보라고 말해줬다.

매일경제 2017년 4월 29일자 '요리 강좌 지고 집 꾸미기 떴다, 문화센터 대세는 홈 인테리어'라는 기사에 따르면 이제까지 독보적인 인기를 누리던 요리 강좌를 제치고 집 꾸미기 강좌가 인기를 얻고 있다. 소득수준이 2만 달러에서 3만 달러로 높아짐에 따라 가구, 생활소품 등 라이프스타일에 주목하는 트렌드가 나타나고 있다. 홈 가드닝, 인테리어 등 '집 꾸미기'로 소비자들이 옮겨가는 것이다. 한때는 자동차와 명품 가방이 과시 품목이었으나 이제 자신만의 생활을 중요시하는 풍조에 따라 자신의 공간을 꾸미는 것에 관심이 높아지고 있다. 특히 증가하는 1인 가구 중 소비력을 갖춘 직장인들을 중심으로 집을 꾸미는 수요가 늘고 SNS를 통해 자신이 꾸민 집을 뽐내는 사람이 많아짐에 따라 홈 인테리어에 대한 관심이 증가하고 있다. 이에 따라 라이프스타일 시장의 규모는 앞으로 가파르게 성장할 것이다.

그리고 코엑스, 킨텍스 홈페이지에 들어가 연간 전시 일정을 엑셀 파일로 다운로드한 후 건축, 건설, 인테리어, 예술, 디자인 관련 전시를 챙겨 보라고 했다. 여러분들 중에서도 인테리어에 관심이 있는 학생이라면 전시장을 자주 찾아가 보라고 권하고 싶다. 수도권에 사는 학생이라면 하남에 있는 '메종티시아'나 광명에 있는 대형 가구 매장 등을 둘러보는 것도 공부에 도움이 될 것이다. 좀 더 관심을 갖고 보면 매일 보는 길과 집, 식당 등 모든 것에서 배울 수 있다. 영화 속에도 인테리어는 있지 않은가.

학생들 중 부모님이 자신이 원하는 것을 할 수 있도록 허락하지 않는다고 불만을 토로할 때가 있다. 이런 학생에게는 진심을 담아 미래 계획과 공부 계획을 글로 써서 부모님께 보여드리라고 조언했다. 그러나 우리 부모님은 다른 부모님과 달라서 허락하지 않으실 거라는 말만 되풀이할 뿐 자신이 원하는 것을 얻기 위해 용기를 내는 학생은 드물었다.

내가 나의 길을 가지 않으면 다른 사람이 이끈 길로 따라갈 수밖에 없다. '하늘은 스스로 돕는 자를 돕는다.'고 하지 않던가. 하고 싶은 것이 있으면 한번 용기를 내서 시도해 보라. 그 과정에서 자신이 정말 절실하게 하고 싶었던 것이 맞는지, 아니면 일시적인 호기심이었는지 발견할 수 있을 것이다.

남다르게 잘할 수 있는 일을 찾으려면, 주위 사람들이 자신에게 어떤 말을 하는지 유심히 들어보라. 장점을 발견하고 칭찬을 해도 선생님이 잘못 본 것이라며 그건 사실이 아니라고 부정해 버리는 학생이 있었다. 그럴 리가 없다는 것이다. 글씨를 잘 써서 칭찬을 해도 "이게 뭐가 잘 쓴 거예요?!" 하며 발끈한다. 청소를 잘했다고 칭찬을 해도 귀담아 듣지 않고 "다음에 또 시키지 마세요."라고 퉁명스럽게 대답한다. 주변 사람들이 칭찬을 해 주면 진실을 왜곡하거나 무심코 흘려버리지 마라. 내가 알아야 할 내 모습을 이야기하는 것이니 그런 이야기들을 경청하고 나의 강점은 무엇인지, 보완해야 할 약점은 무엇인지를 고민하는 계기로 삼자.

모든 성공은 관심에서 시작된다. 인류의 발전도 마찬가지가 아닌가. 뉴턴은 떨어지는 사과에 관심을 가졌기에 인류 역사에 남는 법칙을 발견한 것이다. 한식 밖에 먹어보지 못한 사람은 세상에 더 맛있는 음식이 많다는 것을 알지 못한다. 중식, 일식, 양식 등 다양한 음식을 먹어 보아야 맛있는 음식이 많다는 것을 알게 된다. 마찬가지로 여러 가지를 직간접으로 경험을 해 보아야 내가 정말 잘하는 것이 무엇인지 찾을 가능성이 높아진다.

송곳은 날카로운 끝부분에 모든 힘이 집중된다. 인생에서 성공하기 위해서도 한 곳에 에너지를 집중해야 한다. 내가 남들보다 잘할 수 있는 것이 무엇인지 찾아라. 그리고 그 분야에서 탁월한 실력을 갖기 위해 지금 무엇을 해야 하는지 끊임없이 생각하라.

에디슨은 어떻게 이렇게 많은 발명품을 만들 수 있었느냐는 기자의 질문에 "나는 천재가 아니다. 항상 이 문제에 대해 끊임없이 생각했을 뿐이다."라고 대답했다. 태어날 때부터 남보다 탁월하게 잘하는 어떤 능력을 갖고 있을 수도 있다. 그러나 우리가 천재라고 알고 있는 사람들조차 그 능력은 노력에 의해 만들어졌음을 강조한다. 에디슨의 말을 잊지 말자.

4

나만의 브랜드를 만들어라

브랜드brand는 상표, 품질, 상품의 등급이라는 뜻이다. 브랜드에 대한 논의가 시작된 것은 2000년대 들어서면서부터다. 유명 상표의 운동화가 청소년 사이에서 선풍적인 인기를 누리면서 브랜드에 대한 사람들의 관심이 커지기 시작했고 이는 가방, 지갑 등의 브랜드로 번져나갔다. 브랜드 열풍이 불던 시기에 학생이었던 사람들이 스스로 돈을 벌 수 있는 나이가 되자 명품에 대한 관심과 소비는 더욱 높아졌다. 이렇게 유명 브랜드를 선호하는 것은 품질을 인정하기 때문이기도 하겠지만 브랜드 그 자체의 가치를 인정하고 그것을 소유하고 싶어서 많은 돈을 기꺼이 지불하는 것이다.

그럼 세계적으로 브랜드 가치가 높은 것은 어떤 것이 있을까? 2015년 10월 5일 글로벌 브랜드 컨설팅업체 인터브랜드가 발표한 '베스트 글로벌 브랜드' 순위를 보자.

애플의 브랜드 가치는 1,700억 달러로 전년 대비 43% 상승했으며, 구글의 가치는 1,200억 달러로 전년 대비 12% 상승했다. 삼성전자의 브랜드 가치는 353억 달러로 7위를 지켰고 현대자동차가 113억 달러로 39위를 차지했다. 현대자동차는 역대 브랜드 가치 중 최고를 기록했다. 10년 전 72위였던 브랜드 가치가 39위까지 상승한 것이다.

브랜드 가치는 이렇게 기업에만 있는 것이 아니다. 한 개인이 능력과 가치를 인정받아 브랜드로 성장한 경우를 우리는 많이 알고 있다. 대표적인 것이 김연아 선수인데, 2015년 스포츠 부문에서 국가브랜드대상을 수상했다. 자신의 이름을 브랜드로 성장시킨 예는 어렵지 않게 찾아볼 수 있다. 베스킨라빈스, 샤넬, 에르메스, 존슨앤존스, 잔피엘, 질레트, 스즈키, 마쓰시다 등 셀 수 없이 많은 기업들이 있다.

요즘처럼 치열한 경쟁의 시대, 불확실성의 시대에는 누구나 갖고 있는 스펙이 아닌 나만이 갖고 있는, 남과는 차별화되는 무엇이 있어야 한다. 내가 가장 잘하는 것, 그 한 가지가 있어야 한다. 나를 브랜드로 만들려면 '나의 가치'를 발견해야 한다. 나의 가치를 발견하기 위해서는 나에 대해 애정을 갖고 들여다보고 관찰해야 한다. 그런데 이것이 참 어려운 일이다. 중고등학생들은 사춘기와 맞물리면서 자신에 대해 냉소적이거나 무기력해지기 쉽다. 자칫 자신의 장점을 간과하기 쉽다.

자신을 아끼고 사랑하는 마음으로 내가 잘하는 것을 찾아보라. 평생을 바쳐도 좋다고 생각되는 것 하나를 선택하는 것만으로도 자신의 브랜드를 만들 준비가 된다. 학창 시절 이 키워드를 찾아 출발하는 사람은 자신이 원하는 것이 무엇인지 분명히 알고 나아가는 것이니 대학생활도 의미 있게 보낼 수 있고 사회생활에서도 더 높은 성취를 할 가능성이 높아진다.

이런 우화를 읽은 적이 있다. 이집트의 알렉산드라 도서관에 불이 나 모두 타고 단 한 권의 책만 남았다. 우연히 그 책을 손에 넣게 된 가난한 청년이 아무 생각 없이 넘기다 '황금석'이라는 말이 눈에 들어와서 흥미를 느끼고 그 책을 읽었다. 그 책에는 황금석이라는 마법의 돌이 흑해 연안에 있고 이 돌은 어떠한 금속도 황금으로 변하게 한다는 내용이 있었다. 이 돌만 손에 넣으면 부자가 될 수 있는 것이다. 황금석을 발견하는 방법은 딱 하나, 만지면 따뜻하다는 것뿐이다. 청년은 황금석을 찾기 위해 천막을 치고 잠을 자며 돌멩이를 주워서 만졌다 버렸다를 반복했다. 몇 년의 세월이 흘렀다. 그날도 청년은 역시 돌멩이 하나를 주워 들었다. 따뜻함이 전해져 왔고 지금까지 만진 돌과는 느낌이 달랐다. 순간, 바로 이것이다! 청년은 어떤 금속이라도 황금으로 변하게 할 수 있다던 바로 그 돌이라고 생각했다.

그러나 청년은 오랫동안 습관이 된 행동을 반복하고 말았다. 손에 든 돌을 바다에 던진 것이다. '퐁당', 돌멩이는 순식간에 깊은 바다로 가라앉았고 파도는 원망스럽게도 떨어진 곳의 흔적마저 지워버렸다. 아! 하는 순간 그의 오랜 꿈도 물거품이 되었다.

여러분도 이런 실수를 저지르고 있는 것은 아닌가?

주위의 칭찬을 통해 나의 황금돌을 찾을 수도 있고, 지금 내가 좋아하고 몰입하는 것을 살펴서 황금돌을 찾을 수도 있다. 또 내가 지금 흥미를 느끼고 있는 것이 황금돌이 될 수도 있다. 게임, 핸드폰, 이성 친구, 농구, 패션, 화장품에 빠져 있는가? 무엇이 되었든 좋아하는 것만으로 그치지 말고 조금 더 생각을 확장해 보라. 게임이라고 하면 게임과 관련된 것 중에 내가 무엇을 좋아하는지. 그 게임의 캐릭터를 좋아하는지, 그래픽을 마음에 들어하는지, 이야기가 재미있는지 세부적으로 생각해본다. 그리고 내가 해 볼 수 있겠다 싶은 것을 찾아보자. 다른 사람들이 발견한 나의 장점과 내가 발견한 나의 장기, 특기는 나를 브랜드로 만들어 줄 수 있다.

영화감독 스티븐 스필버그는 "12살, 나는 영화감독이 되기로 결심했고 그 길만을 위해 살아왔다."고 했다. 더바디숍의 아니타 로딕이 화장품을 인생의 키워드로 선택한 것은 34세였다. 킹 질레트가 '면도기'라는 단어를 선택한 것은 40세였다. 내가 선택한 단 하나의 키워드에 혼신의 힘을 불어넣을 수 있도록 노력하자.

"정말 이것 하나만은 어느 누구보다 잘할 자신이 있다!"고 말할 수 있는 것을 만들자.

지금부터 내 이름을 브랜드로 만들겠다는 결심을 하라. 돈 벌어서 유명브랜드의 옷, 가방, 화장품을 꼭 사겠다고 벼르기보다 내가 그런 브랜드가 되겠다는 꿈을 품어라. 얼마나 멋진 일인가!

5

나의 가능성을 넓혀줄,
감사일기를 쓰자

    스티브 잡스는 매일 거울 앞에서 자신만의 의식을 가졌다고 한다.

    "제가 열일곱 살 때 이런 글을 읽은 적이 있습니다. '하루하루가 인생의 마지막 날인 것처럼 산다면 언젠가는 바른 길에 서 있을 것이다.' 이 글에 감명을 받은 저는 그 후 지금까지 쉰 살이 되도록 매일 아침 거울을 보면서 자신에게 묻곤 합니다. '오늘이 내 인생의 마지막 날이라면 지금 하려고 하는 일을 정말 할 것인가?' 만일 며칠 동안 계속 그 답이 '아니'라면, 전 무언가 바꿀 필요가 있다는 걸 깨닫게 됩니다. 내가 언젠가 죽는다는 사실을 떠올리는 일은 삶에서 중요한 결정의 순간에 가장 도움이 되었습니다. 왜냐하면 다른 사람의 시선, 자부심, 당혹감과 실패에 대한 두려움… 이런 것들은 그 순간 죽음 앞에서 떨어져 나가고, 오직 진실로 중요한 것만 남게 되니까요." −『Imind』 중에서

지금 당장 난관을 헤쳐 나가는 것도 힘들고 벅찬데 미래를 생각해 보라는 것은 무리한 요구가 될 수도 있다. 온힘을 다해 달려갔는데 막다른 골목이라면, 꽉 막힌 길이라 더 달릴 길이 없다면 무슨 소용이겠는가?

학자들은 인류 변화의 80퍼센트가 지난 10년 동안 일어난 것이며 이 시대의 가장 큰 특징은 변화가 더 빠르고 복잡하게 나타나는 것이라고 한다. 이것이 미래의 핵심 동력이다. 이것은 현재 청소년의 일자리를 위협하는 위기가 되기도 하지만 또한 엄청난 기회가 될 수도 있다.

스스로 한계를 긋고 있는 청소년들이 의외로 많다. "전 그런 거 못해요." 겸손의 미덕일 수도 있고 혹시 자신에게 시킬까 봐 겁이 나서 하는 말일 수도 있다. 그런데 진심으로 자신이 잘하는 것이 별로 없다고 생각하는 경우도 많았다. 대부분 성적이 낮아서 이런 생각에 빠져 있는 경우다. 그런 학생들은 노래도 못하고, 그림도 못 그리고, 악기도 연주할 줄 아는 것이 없고, 특별히 잘하는 운동도 없고, 영어도 못하

고, 수학도 못하고, 심지어 청소도 못하며, 발표도 못한다고 말한다.

"당신이 할 수 있고 될 수 있고 가질 수 있는 한계는 사실상 없다. 단지 머릿속에서 스스로 긋는 한계선만 있을 뿐이다." 세계적인 성공 컨설턴트 브라이언 트레시는 『백반불짜리 습관』에서 이렇게 말했다. 노력하는 만큼 성적이 오르지 않아 좌절하고 자존감이 낮아 자신의 가치를 과소평가하는 사람에게 자신감 충전을 위한 좋은 방법을 소개한다. 바로 감사일지를 쓰는 것이다.

대한민국 1호 땡큐테이너인 민진홍은 한때 키즈카페와 어린이 완구 및 수입과자유통 등 여러 사업으로 승승장구하다 실패를 겪고 스스로 목숨을 끊으려는 시도까지 했지만 실패하게 된다. 이후 많은 성공한 사람들을 만나며 자신이 실패한 것은 '운'이 없어서가 아니라 '감사하는 마음'이 없어서라는 것을 깨닫게 된다. 그 후 감사하는 마음을 습관화하는 '21감사 일지' 프로그램을 완성하고 강의를 하게 된다. 그리고 많은 사람들이 자신과 같은 전철을 밟지 않기를 바라는 마음에 『땡큐파워』를 집필하게 되었는데 이 책에서 저자는 '취업하고 싶다면 감사하라'고 조언한다. 그는 감사일지가 취업에 도움이 되는 이유를 다음과 같이 설명했다.

첫째, 감사일지를 작성한다는 것은 자신이 겸손하고 긍정적인 마인드라는 증거가 된다. 범사에 감사하는 마음을 가진 사람이 오만하고 부정적이지는 않기 때문이다.

둘째, 꾸준함과 끈기를 보여줄 수 있다. 무언가 한 가지를 끈기 있게 오래 지속한다는 것은 쉬운 일이 아니다. 성공한 사람들의 공통점이 지속력이 아니던가. 자신이 긍정적으로 변하는 모습을 확인하는 것도 기쁠 것이다.

셋째, 문제 해결을 위한 기본적인 '멘탈'을 제공한다. 문제 해결을 하기 위해서는 지식과 경험 그리고 정신력이 바탕이 되어야 한다. 그러나 신입 사원은 경험을 갖춘 경우가 드물고 지식도 마찬가지일 것이다. 그러니 회사는 당연히 정신력이 강한 사람을 채용하고 싶을 것이다. 부정적인 사람은 될 일도 부정적으로 생각하고 문제를 해결하기 위해 적극적으로 움직이지 않는다. 반면 감사일지를 쓰면 어려움이 닥쳐도 더 심각하지 않음에 감사하고 여러 각도에서 해결책을 찾기 위해 노력하게 된다.

넷째, 자신감을 키워준다. 인생에서 세일즈 대상은 '자기 자신'이다. 자신의 꿈, 가치, 비전, 능력, 가능성 등을 묶은 것이다. 내가 원하는 곳에 나를 '잘' 팔기 위해서는 상대가 무엇을 원하는지 파악할 줄 알아야 한다. 꾸준히 감사일지를 쓰면 자신의 강점과 약점을 알게 된다. 강점은 키우고 약점은 보완하면서 자신의 역량을 키울 수 있다.

　이런 감사일지를 쓰는 데 특별한 재능이 필요한 것도 아니고 많은 시간이 필요한 것도 아니다. 관심만 있으면 된다. 처음에는 일주일을 목표로 시작한다. 성공하면 자신에게 상을 준다. 평소에 먹고 싶었지만 몸무게를 생각해서 참았던 아이스크림을 사주는 식이다. 다음 단계는 2주, 다음은 한 달, 이렇게 기간을 늘려 시도하면 된다. 자신에게 주는 상품도 점점 더 큰 것으로 해 보자. 재미가 있으면서 계속하고 싶은 마음도 생길 것이다. 그리고 감사일지를 쓸 때는 최대한 구체적으로 쓴다. 구체적일수록 감사함이 더해지기 때문이다.

　처음 만났을 때 자신감도 없고 어두운 표정이었던 학생이 이 감사일지를 한 달 정도 쓴 이후 얼굴 표정이 밝아지고 자신감 있는 표정으로 점점 바뀌어 가는 것을 지켜본 적이 있다. 이제까지 자신의 처지를 비관하던 마음이 감사하는 마음으로 가득 차니 당당하고 자신감 있는 모습으로 변했으며 얼마 후 좋은 곳에서 일해 달라는 제의도 받았다.
　아주 사소한 일에도 감사하는 습관을 가지니 마음의 여유도 얻게 되었다고 한다. 서서히 자신의 강점과 약점이 보였고 약점에 열등감을 느끼기보다 차분히 자신의 부족한 부분을 보충하기 시작했다. 처음엔 다른 친구들보다 늦었다는 불안감으로 뭔가에 집중하는 것이 어려웠는데 감사하는 시간을 가진 이후 자신에 대한 확신이 들었고 미래에 대한 불안한 마음도 사라졌다고 했다.

학창 시절부터 감사일기 쓰는 습관을 기르자. 하루 5분, 감사일기로 나를 새롭게 보게 되고, 나의 잠재력을 발견할 것이며, 멋진 기회가 열릴 것이다.

6

'내 일'이 없으면
내일도 없다

오늘이 아닌 내일은 미래다. 미래는 인간의 통제권 밖이며 정확한 예측이 불가능하다. 최첨단 장비를 갖춘 기상관측소에서 지난 일주일 동안 '비 내림'이라고 한 예보가 모두 빗나갔다. 당장 내일 비가 온다는 예보임에도 아침에 일어나 보니 매미가 귀가 따갑도록 울고 햇볕이 쨍쨍 내리쬐며 무덥다. 그래도 비가 올 것이라는 예보가 있으면 우산을 챙긴다. 어느 누구도 미래를 정확히 알지 못하기 때문이다. 그렇게 들고 나간 우산은 비가 오면 비를 가리고 햇볕이 따가우면 해를 가리는 양산으로 쓸 수 있다. 우산을 준비하면 비가 오든 눈이 오든 날씨 걱정을 하지 않아도 된다.

불확실한 미래를 위해 우리가 해야 할 일은 변화를 정확하게 예측하려고 애쓰는 것이 아니다. 변화에 미리 대비해야 한다. 어떻게 변할지 예측할 수 있는 한도 내에서 준비하고 대비하는 것은 지금도 할 수 있는 일이기 때문이다.

직업의 세계에서도 마찬가지다. 변화하는 시대에 대비하는 방법은 '내 일'을 갖는 것이다. 그렇다면 어떻게 '내 일'을 만들 수 있을까? 가장 좋은 방법은 자신이 좋아하는 것을 찾아내는 것이다. 자신이 정말 좋아하는 일은 오래할 수 있다. 오래 하다 보면 실력이 향상되고 전문가가 될 수 있다.

'내 일'을 찾기 위해서는 의식적으로 주변에 관심을 기울여야 한다. 주말에 가족과 외식을 하러 식당에 들어간다면 그저 핸드폰만 들여다보고 음식만 먹고 나올 것이 아니라 식당의 인테리어를 유심히 보자. 실내 장식이 식당 메뉴와 어울리는지도 생각해보고 내가 보완한다면 어디를 어떻게 바꿀 수 있을지도 생각해보자. 메뉴판은 알아보기 쉽게, 예쁘게 만들어졌는지 살펴보고 메뉴판 구성을 내가 한다면 어떻게 바꿀 수 있을지를 생각해보자. 식당의 서비스는 어떤지, 음식의 맛과 구성은 어떤지도 내 나름대로 생각해볼 수 있을 것이다. 일상생활에서 생각 놀이를 해 보는 것이다.

길거리를 가면서도 이어폰을 빼고 거리를 관찰하자. 처음에는 눈에 들어오지 않더라도 거리의 모든 것이 곧 시대를 반영하고 있다. 즉 거리를 관찰한다는 것은 시대의 흐름을 읽는 것이라고도 할 수 있다. 10년 전만 해도 아파트 상가에는 작은 보습학원이 많았다. 지금은 많이 없어졌다. 그러면 지금 점점 늘어나고 있는 것은 무엇인지 살펴보라. 그것은 앞으로 어떤 산업이 발달할 것인지 예측할 수 있게 해준다.

이렇게 관찰하고 떠오른 생각은 꼭 핸드폰 메모에 저장해두자. 등하교 길에 보고 느끼는 것도 메모하고 저장하자. 내가 필요할 때 찾아 쓰지 못하는 경험, 정보, 지식은 내 것이 아니다. 그러니 메모하자. 그렇게 쌓인 관찰과 메모는 여러분의 보물창고가 될 것이다. 이렇게 메모한 것을 보면서 반복되는 것이 무엇인지 살펴보아라. 관심을 많이 갖고 있는 것이 무엇인지 키워드를 찾아낼 수 있기 때문이다.

그렇게 찾은 키워드는 네이버, 다음, 혹은 구글에서 검색해보자. 우리나라는 물론이고 세계적으로 어떤 위치에 놓인 키워드인지 알게 될 것이다. 사람들이 어느 정도 관심을 갖고 있는지, 미래 가능성은 어느 정도인지도 파악할 수 있을 것이다. 그 키워드와 관련된 산업이나 직업에 대해서도 찾아볼 수 있다. 만약 내가 그 키워드로 사업을 한다면 어떤 상품을 만들어낼 수 있을지도 생각해보자.

『100달러로 세상에 뛰어들어라』에는 자신이 느낀 불편 사항을 개선해서 일자리를 만든 사람이 소개되어 있다. 바로 '에버노트'의 파워 유저였던 브렛 켈리Brett Kelly다.

그는 어느 날 에버노트에 영어 매뉴얼이 없다는 것을 알게 되었다. 미국시장이 상당히 크기 때문에 반드시 영어 매뉴얼이 필요하다고 생각해서 에버노트의 사용 방법과 팁, 기능 설명을 캡처 화면과 함께 수록한 PDF 파일을 만들었다. 자신이 에버노트를 직접 사용해 본 경험을 토대로 불필요한 부분은 빼고 꼭 필요한 내용으로만 구성해서 90페이지의 완벽한 매뉴얼을 만들었다. 그리고 블로그를 통해 이를 판매하기 시작했다. 그 결과 단 11일 만에 10,000달러가 넘는 수입을 올릴 수 있었고 이후에도 하루 매출 300달러 정도의 수준을 꾸준히 유지할 수 있었다. 종이책이 아닌 전자책으로 매뉴얼을 만들었고 저작권자인 자신이 직접 판매와 배달까지 전부 온라인에서 이루어지게 했기에 페이팔로 입금되는 돈은 모두 그의 수입이 될 수 있었다.

급기야 브렛 켈리는 에버노트의 CEO로부터 입사 제안까지 받게 되었다. 무엇보다 그는 10년 넘게 빚에 쪼들리던 생활에서 해방되었으며 자유롭고 풍족한 생활을 즐길 수 있게 되었다. 그는 자신이 열정을 느끼고, 재능도 있었던 일에 몰두했으며, 그 덕에 사용자들에게 유용한 제품을 만들 수 있었다.

성공한 사람들은 비교적 빨리 관심 분야를 찾아 부단히 노력한 사람들이다. 그렇다면 내가 좋아하는 일을 어떻게 찾을 수 있을까?

1. '그것'에 관한 말만 들어도 눈이 번쩍 뜨이는가?
2. '그것'만 하면 시간 가는 줄 모르는가?
3. 내가 꽤 큰돈을 주고 과감히 산 것이 무엇인가?
4. 어떤 희생을 치르더라도 꼭 해 보고 싶은 일은 무엇인가?

학과과목을 공부할 때, 핸드폰 검색을 할 때, 책을 읽을 때, 텔레비전을 시청할 때, 다른 사람과 이야기를 나눌 때 등 일상생활을 하며 위의 질문에 YES라는 대답이 나오는 것이 있는지 의식적으로 관심을 기울여보자. 이 질문들이 앞으로 여러분들이 미래에 어떤 방향으로 나아가야 할지 길잡이가 될 수 있을 것이다.

취미에만 몰두했는데,
성적이 따라서 올랐어요!

혜란이는 영화를 아주 좋아했다. 영화를 좋아했던 언니를 따라 초등학교 때부터 자주 영화관에 갔다. 처음엔 의미도 줄거리도 모른 채 봤다. 외화의 경우 자막을 따라 읽기도 힘들었다. 하지만 영화 보는 일 자체가 늘 즐거웠으며, 고학년이 되면서 줄거리도 파악하고 자막을 읽을 수 있게 되니 영화에 더 몰두하게 되었다.

문제는 혜란이가 중학생이 되면서 생겼다. 딸이 공부는 하지 않고 영화에만 매달린다며 어머니가 걱정을 하기 시작했다. 이제는 영화관에 가지 않고 컴퓨터에 영화를 저장해 놓고 보고 싶을 때 자기 마음대로 보니 더 영화에만 빠져 있다는 말씀이었다. 다음 날 학교에 가려면 일찍 자야 하는데도 영화 때문에 잘 생각을 안 할 때는 화가 난다고 하셨다.

혜란이는 영화 보는 것이 나쁘지만은 않다고 항변했다. 자신이 보는 영화는 폭력적이거나 외설적인 것이 아니다, 영화가 공부에 얼마나 도움이 되는지 엄마는 잘 모른다고 대답했다. 확실히 영화를 대하는 혜란의 태도는 다른 아이들과는 달랐다. 영화를 그저 한 번 보고 아 좋구나, 감동적이네 하고 쉬이 지나치지 않았다. 노트에 그날 본 영화 제목과 감독, 등장 배우, 줄거리, 감동적인 대목, 자신의 감상 등을 꼼꼼하게 기록했다. 그러다 모르는 지명이나 역사적 사건 등이 나오면 인터넷 검색을 해서 간단하게라도 메모를 했다.

처음부터 이렇게 정리를 한 것은 아니었다. 어느 날 영화를 보고 집에 돌아오는 길에 언니에게 "그 남자 배우가 예전에 어느 영화에 주인공으로 출연했을 때는 굉장히 멋있었는데 오늘 영화에서는 아닌 것 같다."는 말을 들은 후부터였다. 그때부터 혜란이는 언니에게 전해들은, 자신이 모르는 영화를 찾아보았다. 이런 과정이 거듭되면서 스스로 배우들에 대한 나름의 감상이 생기고, 영화를 좀 더 자세히 알아보는 게 무척 흥미로워져 갔다.

혜란이는 수업 시간이 재미있었다. 사회, 역사, 국어

등 교과서에 자신이 영화에서 알게 된 사건이나 인명, 지명이 나오면 더 관심을 갖고 듣게 됐다. 더구나 영화를 제대로 보려면 원어를 이해 해야겠다는 생각을 했기에 영어시간에도 더욱 집중했다. 당장 필요 를 느껴서 하는 공부라 집중도 잘되고 재미있었다. 수업 도중 자신이 영화에서 이미 들었던 표현이 나와서 그 답을 맞히면 희열을 느꼈다. 더욱 열심히 공부해야겠다는 결의를 다졌다.

본격적으로 공부에 관심이 생기고 흥미를 느끼게 된 혜란이는, 영 화만 본다고 걱정하신 부모님께 학교 성적도 향상되는 모습을 꼭 보 여드리겠다고 했다. 그리고 커서 영화 시나리오를 쓰는 작가가 되고 싶다며 꿈을 이루기 위해서라도 책을 많이 읽어야겠다고 다짐했다. 깊이 있게 공부하려면 전공학과에 들어가야 하니 학교 공부를 열심 히 해야 함은 당연했다.

늘 영화만 보고 학교 공부에는 관심이 없는 듯했던 혜란이는 학기 가 바뀌면서 미래에 대한 계획과 함께 공부 계획도 세우고 실천하는 모습을 보였다. 그렇게 스스로 깨닫고 성장해 가는 혜란이의 미래가 무척 기대된다.

지금 공부습관이 평생을 결정한다

초판 1쇄 발행 · 2017년 11월 1일

지은이 · 최장년
펴낸이 · 김동하

펴낸곳 · 책들의정원
출판신고 · 2015년 1월 14일 제2015-000001호
주소 · (03955) 서울시 마포구 방울내로9안길 32, 2층(망원동)
문의 · (070) 7853-8600
팩스 · (02) 6020-8601
이메일 · books-garden1@naver.com
블로그 · books-garden1.blog.me

ISBN 979-11-87604-36-5   03370

· 이 도서의 국립중앙도서관 출판예정도서목록(CIP)은 서지정보유통지원시스템 홈페이지
(http://seoji.nl.go.kr)와 국가자료공동목록시스템(http://www.nl.go.kr/kolisnet)에서 이용하
실 수 있습니다. (CIP제어번호 : CIP2017026077)